FELICE MANIERO

E LA MALA DEL BRENTA

JACOPO PEZZAN
e GIACOMO BRUNORO

II Edizione

la case books

FELICE MANIERO E LA MALA DEL BRENTA
Jacopo Pezzan & Giacomo Brunoro

II Edizione
Disponibile anche in formato eBook e audiolibro.

Copyright © 2021 LA CASE
Copyright © 2010-2021 LA CASE
ISBN 9781953546555
Tutti i diritti riservati

LA CASE Books
PO BOX 931416, Los Angeles, CA, 90093
info@lacasebooks.com | | www.lacasebooks.com

INDICE

GUARDIE E LADRI

Nell'estate del 1982 l'Italia è immersa nel sogno mondiale degli azzurri guidati da Enzo Bearzot. Dopo un primo girone stentato la Nazionale è rinata contro l'Argentina del giovane Diego Armando Maradona e ora tutto il paese è elettrizzato per la partita con il Brasile che si giocherà il 5 luglio.

Nessuno può immaginare che quella con il Brasile sarà una partita destinata a passare alla storia, anche se in tanti ci sperano.

Ma in quel caldo luglio 1982 non tutti stanno pensando al Mundial spagnolo o, per lo meno, non tutti pensano solo a quello. C'è anche chi ha pianificato a lungo un colpo che, per ben altri motivi, sarà destinato a passare alla storia.

"Ho perso le chiavi…"

È l'una di notte del 3 luglio quando un uomo elegantissimo, vestito in tight, suona al campanello del portiere di notte di uno degli hotel più famosi del Lido di Venezia, il Des Bains, che da sempre ospita le più grandi personalità europee e mondiali.

Il Des Bains non è un hotel come tutti gli altri: qui le più antiche aristocrazie europee sono di casa da sempre. Il suo nome è sinonimo di lusso sfrenato, di nobiltà, di ricchezza. Il campanello suona. A parlare è una voce impastata e tremolante:

«Sì, buona sera… ehm… sì…, sono un ospite del… dell'hotel… non riesco a entrare. Guardi, mi faccia una cortesia, mi apra la porta perché ho bevuto un paio di bicchieri di troppo e… e… e faccio fatica a stare in piedi… io… cioè…».

«Eccone un altro! Questo almeno si è ricordato dove alloggia…» avrà pensato il portiere di notte. Del resto in un hotel del genere se ne vedono di tutti i colori, non è raro che qualche miliardario se la spassi tutta notte tra un locale e l'altro per tornare poi in condizioni del genere.

Venezia è una città che può offrire più di uno svago a chi ha il portafogli gonfio e, di norma, i clienti del Des Bains non hanno alcun problema sotto questo punto di vista.

Il portiere apre ossequioso ma quel personaggio elegante non è un ospite dell'hotel. È Felice Maniero.

Una rapina da film

Il boss della mala del Brenta entra sicuro nella hall deserta dell'hotel che, nel giro di pochi secondi, viene invasa dal piccolo commando armato di banditi che si era nascosto dietro al boss:

«Adesso stai buono, ci dai le chiavi del caveau e poi se vuoi torni pure a dormire. Su, fa il bravo…».

Il portiere può soltanto obbedire, così per i banditi della Mala ripulire il Des Bains è un gioco da ragazzi, facile come rubare delle caramelle a un bambino.

La rapina riesce alla perfezione e la Mala del Brenta si ritrova di colpo in mano cinque miliardi di lire dell'epoca in gioielli, oro e denaro contante custodito nel *caveau* del lussuoso hotel veneziano.

Non c'è stato bisogno di sparare un solo colpo di pistola, né di far saltare in aria il *caveau* con chissà quali ingegnosi esplosivi: il piano ideato da Faccia d'Angelo si è rivelato perfetto.

Una cifra enorme che lascia tutti di stucco, a partire dai quei ragazzotti che avevano deciso di giocare a fare i banditi. Una rapina come quelle dei film, scriveranno i giornali, peccato che questo non sia un film.

Questa è la storia di Felice Maniero, Faccia d'Angelo, il boss della Mala del Brenta.

NORDEST

Il Veneto, il cuore pulsante dell'opulento nord-est, nel secondo dopoguerra era essenzialmente una realtà rurale. Fino agli anni '70 infatti era rimasta ancora una delle regioni d'Italia con il più alto tasso di emigrazione. Il Veneto degli anni '50 e '60 dunque non ha niente a che vedere con la regione che conosciamo oggi: povertà diffusa, malattie, disagio e miseria lo rendevano più simile alle zone disagiate del dopoguerra.

Come dalla Sicilia, dalla Campania e dalla Calabria, anche dal Veneto in migliaia sono emigrati dalle loro terre di origine in cerca di fortuna o, più spesso, semplicemente alla ricerca di una vita dignitosa andando a vivere negli angoli più remoti del globo. A fianco delle comunità campane, siciliane e calabresi si contano centinaia di comunità venete un po' ovunque nel mondo dall'Australia all'Argentina, dal Belgio al Brasile.

Ma questa è una storia nota e che è già stata raccontata. Quello che invece è stato taciuto a lungo è che anche il Veneto ha avuto una sua epopea criminale.

Epopea Criminale

Quella della mala del Brenta è la storia di un'organizzazione criminale che è stata in grado di controllare a tappeto il territorio, seminando il terrore con una lunghissima serie di omicidi e violenze il cui ricordo, purtroppo, è ancora oggi vivissimo nella popolazione.

C'è chi ha sostenuto che per quanto riguarda il Veneto non sarebbe giusto parlare di mafia vera e propria, perché la così detta Mala del Brenta non sarebbe mai riuscita a strutturarsi in maniera tale da controllare il sistema politico locale, come è successo invece in altre regioni italiane. In sostanza si sarebbe trattato di un fenomeno più simile al gangsterismo della Chicago di Al Capone e non un sistema come quello che Francis Ford Coppola rese immortale girando la celebre saga de Il Padrino.

Controllo militare del territorio, piano strategico-economico e infiltrazioni politiche, ecco i tre livelli che hanno da sempre contraddistinto le grandi organizzazioni mafiose. Alla Mala del Brenta dunque sarebbe mancato il terzo livello, vale a dire la collusione con il potere politico. C'è chi sostiene che si sarebbe trattato soltanto di una questione di tempo: all'organizzazione guidata da Felice Maniero non è bastato il tempo per iniziare a instaurare un dialogo proficuo con la politica. Ma, prima o poi, l'avrebbe sicuramente fatto, sostengono in molti.

Ancora pochi anni e probabilmente questo cancro si sarebbe diffuso anche tra le istituzioni, sarebbe diventato endemico, proprio come è successo altrove.

Malavita Glocal

I nomi dei luoghi dove si svolge questa storia criminale sono Campolongo Maggiore, Pernumia, Padova, Marghera, oltre ai tanti paesi della riviera del Brenta e, più in generale, di tutto il Nordest. Nomi che nell'immaginario collettivo non evocano certo storie di mafia organizzata come fanno invece altre realtà come Palermo, Corleone, la Locride, l'Aspromonte o la Chicago di Scarface.

Allo stesso modo anche i protagonisti di questa vicenda hanno soprannomi che sembrano usciti da qualche barzelletta da osteria più che dagli annuari della cronaca nera: *Matonèa*[1], *Còtoea*[2], Marziano, Sauna. Ma non facciamoci trarre in inganno: la Mala del Brenta, a dispetto delle apparenze, ha un curriculum criminale di tutto rispetto. Rapine, violenze brutali, sequestri di persona, estorsioni, omicidi, usura, gioco d'azzardo, traffico di droga e di armi... i *tosi*[3] di Felicetto, come veniva soprannominato Felice Maniero, non si sono fatti mancare niente. Azioni che hanno segnato profondamente il territorio lasciando cicatrici che ancora oggi è molto difficile cancellare.

---

[1] *Matonea*: mattonella in dialetto veneto.

[2] *Còtea*: gonna in dialetto veneto

[3] *Tosi*: ragazzi in dialetto veneto

E tutto questo è successo in Veneto, una regione che, a torto o a ragione, è stato considerata a lungo un modello economico e sociale da prendere ad esempio per il resto del Paese. Ma quello che inquieta di più è che, a dispetto di quanto ci è stato ripetuto in questi ultimi anni, questa è una storia criminale che non sembra finire mai.

ALLE ORIGINI DEL MALE

*«Arrestato il Giuliano della Val Padana. Il bandito
Adriano Toninato, che a capo di un'accozzaglia di fuorilegge in
questi ultimi anni aveva compiuto numerose rapine nella
pianura veneta, è stato catturato con il suo luogotenente, un
certo Coccato, in una cascina di San Pietro di Cavarzere
(Venezia). Un drappello di carabinieri, guidati dal brigadiere
Dino Ferrari, ha attaccato la casa in cui i due si erano
rifugiati. Il Coccato sparava contro i militi; questi rispondevano
al fuoco. In pochi secondi i pericolosi delinquenti venivano
ridotti all'impotenza»[4].*

L a Domenica del Corriere raccontava così la
cattura di Adriano Toninato il più famoso
bandito veneto che imperversò impunemente
in tutta la regione tra gli anni '30 e '50. Nato a Camin,
estrema periferia est di Padova, nel 1913, Toninato fa

---

[4] La Domenica del Corriere, 2 marzo 1958

9

parte di una generazione che potremmo definire antica, quasi "eroica", di banditi. Uomini che, spinti dalla fame e da bisogni primari, seguono la via dell'illegalità senza però spingersi mai oltre un certo limite: sono dei criminali ma seguono un loro personale codice d'onore, sanno che ci sono confini che non vanno mai oltrepassati per nessun motivo.

Toninato viene segnalato alle forze dell'ordine già nel 1929 a seguito di una denuncia per furto di galline in un pollaio nella zona di Brugine. Poco dopo arriveranno i furti di bestiame, di generi alimentari, di elettrodomestici ed infine le più proficue rapine in banca. Per quanto esecrabili e condannabili come atti illeciti, questi episodi oggi ci fanno quasi sorridere perché sembrano usciti direttamente da un film neorealista in bianco e nero, sono tutte cose che sentiamo molto lontane dalla nostra sensibilità moderna.

Tutta questa generazione criminale, in Veneto ma non solo, nasce come reazione alla fame, la fame vera di chi ha vissuto sulla propria pelle gli stenti e le privazioni della prima guerra mondiale. Sono uomini determinati e coraggiosi ma, in molti casi, non sono cattivi né sadici o, per lo meno, non lo sono se paragonati ai malavitosi e ai criminali che verranno negli anni successivi.

Anzi Toninato aveva un buon rapporto con la popolazione locale e per molti era una specie di Robin Hood sempre pronto ad aiutare i più deboli, e lui stesso dichiarò che «*nessuno mi tradiva perché mi comportavo bene con tutti*».

Un'italia diversa

La storia di Toninato è simile a quella di un altro famosissimo bandito di quegli anni, Luciano Lutring, il celebre "solista del mitra" milanese che per tanti anni tenne in scacco la polizia di mezza Italia. Si trattava di banditi nati quasi per caso e che, come abbiamo ricordato, rispettavano un codice etico ferreo.

Può sembrare paradossale ma Lutring non sparò mai un colpo durante le sue rapine: il suo celebre mitra serviva infatti semplicemente a fare colpo e a spaventare le sue vittime. Per questo motivo non ci furono mai morti né feriti durante le sue rapine.

Ecco come lo stesso Lutring racconta il suo inizio di carriera criminale:

«Un giorno mia zia mi chiese di andare a pagare una bolletta alle poste. Io andai per farle un favore. Ma l'impiegato era lento e detti un pugno sul bancone. Nel movimento si vide la finta pistola che portavo sotto la cintura. L'impiegato credette che fosse una rapina e mi consegnò i soldi. Io pensai: "È così facile?". E me ne andai col bottino»[5].

Quella di Toninato e Lutring era un'Italia diversa, un'Italia ancora legata ad un mondo rurale che sarebbe scomparso in pochi anni spazzato via dalla frenetica corsa alla modernizzazione e dall'industrializzazione, due fenomeni che avrebbero cambiato i bisogni e gli stili di vita delle persone. L'Italia in quegli anni assistette a una vera e propria rivoluzione e ben presto non ci fu più spazio

---

[5] Luciano Lutring, *Una storia da dimenticare. Storia, ricordi ed emozioni del «solista del mitra»*, 2006, A.CAR editore.

per banditi alla Toninato o alla Lutring. La malavita si stava organizzando e stavano emergendo incredibili opportunità di guadagno legate alla droga e ai grandi traffici internazionali.

Un marito geloso

Toninato, il bandito che girava in bicicletta, aveva fatto il suo tempo quando il 17 febbraio 1958 venne catturato dai carabinieri. Si racconta che a tradire il ladro gentiluomo sia stata una soffiata di un marito geloso che, a quanto sembra, non aveva apprezzato l'eccessivo interesse dimostrato da Toninato per sua moglie.

Leggiamo cosa dichiarò lo stesso bandito a proposito:

«Se non fosse stato per un marito geloso non so quanto altro tempo sarei rimasto libero»[6].

Un legame con quello che succederà di lì a pochi anni c'è, dato che a qualche colpo della banda Toninato avevano partecipato anche Renato e Ottorino Maniero, lo zio ed il padre di Felice Maniero, Faccia d'Angelo come venne soprannominato il futuro boss della Mala del Brenta per i suoi tratti gentili e i suoi modi delicati con le donne.

----

[6] Monica Zornetta, *A casa nostra. Da Cosa Nostra a Felice Maniero: cinquant'anni di mafia e criminalità in Veneto*, 2019, Baldini + Castoldi.

Maniero come Toninato?

Bisogna però fare attenzione a paragonare un bandito come Toninato con Faccia d'Angelo, che è stato a un boss mafioso di prima fascia, come sottolinea anche il Prof. Enzo Guidotto, presidente dell'Osservatorio veneto sul fenomeno mafioso:

«*[...] In un ambiente prettamente rurale, Toninato si dedicava soprattutto alle rapine ai danni di allevatori di bestiame.*

Ma ci sono state altre differenze... Qualche anno fa Maniero ha ribadito di aver "comandato circa 300 persone» e «posso assicurarvi – ha tenuto a precisare – che l'unico che ha veramente guadagnato soldi sono stato io.

Tutti gli altri, compresi bracci destri e sinistri, dopo aver patito dieci, quindici anni di galera, oggi sono senza una lira, vecchi, distrutti e disperati". Anche Toninato fu sempre il capo assoluto.

Ma, quanto a schèi e potere, da latitante quasi ininterrottamente per circa trent'anni, era stato più... "democratico": nel 1953 divise in due parti la banda ed assegnò a dei luogotenenti la competenza territoriale: uno per la zona a nord di Venezia, l'altro per quella a sud, fino a Monselice. Il primo, Mario Bosso, con i proventi riuscì a costruirsi una villa e ad addobbarla in modo lussuoso ma anche ad acquistare uno stabile a Mestre intestandolo alla moglie.

Dunque, circa sessant'anni fa, un classico esempio dei tre livelli dell'economia mafiosa dei nostri giorni: acquisizione, riciclaggio e investimento nel settore legale di capitali derivanti da attività illecite»[7].

---

[7] Ecomagazine. Osservatorio sui conflitti ambientali, intervista al Professor Enzo Guidotto a cura di Riccado Bottazzo, 10 novembre 2015.

L'AZIENDA CRIMINALE VENETA

F elice Maniero nasce a Campolongo Maggiore nel 1954, un piccolo paesino in provincia di Venezia. La madre, Lucia Carrain, è una casalinga, mentre il padre Ottorino gestisce un bar nella frazione di Bosco di Sacco. Ottorino ha delle amicizie poco raccomandabili, tra cui numerosi membri della banda di Toninato: gente dedita a furti e rapine di ogni tipo, ma la vera guida criminale di Felice è lo zio Renato, un pluripregiudicato che gli insegnerà a sparare già in tenera età.

Educazione criminale

A vent'anni Felice viene condannato a tre anni di carcere insieme a un gruppo di amici per aver tentato di abusare di due turiste tedesche. Sarà lo stesso boss a ricordare quegli anni durante un colloquio con il magistrato Antonio Fojadelli come da ragazzo non vedesse l'ora di andare in carcere per sentirsi all'altezza di tutti gli altri che lo circondavano nell'ambiente, e per cominciare quella che, tra virgolette, poteva essere definita una sorta di scalata sociale. La "scalata sociale" di Felice comincia dunque con una serie di affiancamenti allo zio in alcuni furti di bestiame e in qualche piccola rapina, tutti reati minori e che non lasciano presagire che quel ragazzotto sempre sorridente diventerà il boss di una delle più spietate organizzazioni criminali d'Italia. Faccia d'Angelo, a differenza di tutti gli altri banditi della zona, capisce ben presto che per fare la bella vita è indispensabile fare il salto di qualità: non vuole passare il resto dei suoi giorni facendo il ladro di galline, ha già ben chiaro in testa che la sua strada sarà completamente diversa.

Eldorado

La leggenda vuole che guardando un documentario in televisione il giovane Maniero si sia reso conto che a quel tempo, negli anni '70, circa il 25% di tutto l'oro lavorato a livello mondiale passava per i laboratori disseminati nelle campagne della provincia di Vicenza, cittadina veneta situata tra Padova e Verona.

Fu in quel momento che Maniero capì di essere un ragazzo fortunato: era nato al centro di un'immensa miniera d'oro, una Eldorado che sembrava non finire mai e che poteva spalancargli le porte per il tanto atteso salto di qualità.

Passare dall'abigeato ai furti ai laboratori orafi

rappresentò la vera svolta criminale di Maniero: grazie a quell'intuizione geniale in pochi mesi centinaia di milioni di lire cominciarono letteralmente a piovere nelle tasche del giovane bandito e dei suoi compagni di avventure. Furono questi primi furti milionari a far crescere a dismisura la fama e la credibilità di Maniero nell'ambiente malavitoso: era chiaro a tutti che quel biondino non era della stessa pasta dello zio, si capiva che il bocia avrebbe fatto strada.

In poche parole Maniero iniziava ad essere "rispettato" nell'ambiente della mala locale: i tempi dei furti nei pollai con lo zio Renato erano finiti, su questo nessuno aveva il minimo dubbio. Tutti gli osservatori sono sempre rimasti senza parole di fronte alla estrema semplicità con cui Faccia d'Angelo e i suoi amici di Campolongo riuscissero a mettere a segno un colpo dietro l'altro senza lasciare la minima traccia, neanche fossero dei fantasmi.

Iniziano a circolare voci su questo ragazzo di paese che sta facendo man bassa d'oro nel vicentino: nell'ambiente della mala locale tutti vogliono conoscerlo ed è proprio in questi anni che Maniero entra in contatto con alcune organizzazioni criminali veneziane e mestrine ma, soprattutto, con alcuni esponenti della malavita organizzata meridionale spediti in soggiorno obbligato in Veneto.

LA MALA DEL BRENTA

*«Era molto intelligente, molto furbo; ed era tanto buono
come tanto cattivo. La sua bontà era sempre con uno scopo…
in sostanza non faceva niente per niente».*
(Fausto Donà, amico d'infanzia di Maniero
e "soldato" della Mala).

«Quando Felice chiedeva qualcosa, nessuno osava rifiutare».
(Giuliano Matterazzo, membro della Mala).

*«Lui riusciva, bene o male, a farti fare le cose.
Ho aiutato mio cugino. L'ho fatto sempre con paura,
però l'ho fatto per lui».*
(Giulio Maniero cugino del boss).

Maniero carismatico. Maniero narcisista.
Maniero gentile con le donne e spietato con
traditori e nemici. I mille volti del boss
fanno da catalizzatore e da collante per gruppi
criminali fino ad allora divisi tra loro e che avevano
mantenuto zone di influenza distinte.

Macchine di lusso e bella vita

Siamo grosso modo alla metà degli anni '70 e la famigerata Mala del Brenta inizia a essere una realtà ben strutturata e consolidata nel territorio. Giuseppe Pastore, cognato ed ex braccio destro di Maniero, descrive così l'incontro con il boss:

«Maniero l'ho conosciuto nel 1975. Amante di macchine. di lusso e bella vita, non passava inosservato a Padova. In quegli anni frequentava Agostina Rigato, la prima moglie, sorella di Ennio e Massimo, due fedelissimi della banda, e di Emanuela, la donna che io ho sposato nel 1980. Quando ho iniziato a "lavorare" per Felice? Non me lo ricordo... una volta mi chiese di ritirare un "pacco" a Livorno. Al ritorno mi regalò 10 milioni di lire»[8].

Ecco invece come viene descritto il gruppo del giovane Felicetto e le sue prime scorribande all'interno di un rapporto dei Carabinieri del 1974:

«Da alcuni giorni un gruppo di teppisti, di giovane età e palesemente armati, durante le ore serali e notturne, commette atti di intimidazione e di violenza ai danni di inermi cittadini e pubblici esercizi dei comuni del Piovese. In particolare i malviventi tentano, con il loro provocatorio atteggiamento, di diffondere panico in alcuni centri a cavallo tra le province di Padova e Venezia onde creare un terreno su cui svolgere

---

[8] Corriere Magazine (allegato al Corriere della Sera), 27 gennaio 2011.

*l'attività delittuosa contro il patrimonio, cui sono normalmente
dediti, senza timore di essere denunciati. Tali episodi, infatti,
hanno già scosso sensibilmente l'opinione pubblica locale con
conseguente rifiuto da parte di alcuni denuncianti di
sottoscrivere le dichiarazioni oralmente agli organi di polizia.
Ed esplode improvvisamente l'omertà nei testimoni e la sfiducia
dei cittadini verso le autorità»[9].*

«Siamo i ragazzi di Versace spruzzati di Van Cleef»

Sotto sotto quei giovani banditi non sono altro che
semplici ragazzi di campagna: «Siamo i ragazzi di
Versace spruzzati di Van Cleef», dirà un po' per gioco
e un po' sfida Sauna, uno dei membri storici della
gang, citando Siamo ricchi di Gianna Nannini[10].

Ragazzi di campagna che vedono il Veneto
cambiare e arricchirsi giorno dopo giorno e che
vogliono prendersi la loro parte.

Ragazzi di campagna per cui l'unico futuro è
nessun futuro: per loro il domani non esiste.

Ragazzi di campagna che non vogliono un lavoro e
una vita normale: al badile preferiscono la pistola, al
furgone la Ferrari.

Ragazzi di campagna che hanno trovato in Felice la
loro guida.

---

[9] Nucleo Investigativo dei Carabinieri, rapporto n.32/1,
12 gennaio 1974

[10] Nannini / Riva / Paoluzzi, *Siamo ricchi*, canzone
contenuta nell'album *Puzzle*, 1984, Dischi Ricordi
(SMRL 6309).

Per assistere alla vera svolta criminale di Felice Maniero e la sua banda dobbiamo aspettare però i primi anni '80:

«Per dare forza al nostro gruppo facevamo scorrerie nei bar, in casa dei collaboratori di giustizia, abbiamo fatto dei pestaggi: volevamo far vedere che non avevamo paura di nessuno e incutere soggezione. Eravamo in gruppo, sempre: andavamo nelle discoteche, nei bar senza pagare, dove ci facevano pagare l'entrata o ci trattavano male, gli bruciavamo il locale. Abbiamo raggiunto un livello tale che né la mafia e né la 'Ndrangheta hanno mai tentato di invadere il territorio. Noi a Modena abbiamo mandato via i cutoliani»[11].

Tutto e subito

Maniero capisce che ci sono molte opportunità per fare soldi a palate, soprattutto nel nord-est italiano degli anni '80 dove a fianco dei casolari di campagna spuntavano sempre più numerosi capannoni industriali e magazzini, la base del benessere economico di questa regione. Nel Veneto di quegli anni sono molte le persone che si arricchiscono con il commercio e con l'industria, le piccole e medie imprese crescono come funghi e sono il tessuto vitale del miracolo economico veneto.

Girano molti soldi, tanti dei quali in nero e quindi ben nascosti in contanti nelle abitazioni. Faccia

---

[11] Monica Zornetta, op. cit.

d'Angelo e i suoi *tosi* hanno intenzione di prendersi la loro parte. Hanno deciso di non aspettare, vogliono tutto e lo vogliono subito.

Campolongo Maggiore, il quartier generale di Maniero, guarda con simpatia a quel giovane deciso, determinato, sempre ben vestito e che si fa vedere in paese alla guida di auto di grossa cilindrata. Il figlio ribelle di una campagna in rapido cambiamento viene visto da molti come un piccolo eroe.

Leggiamo come descrive questo rapporto il giornalista Maurizio Dianese:

«Il rapporto che Maniero ha con Campolongo Maggiore è di empatia, è solo amore corrisposto. Non c'è odio da parte di nessuno. Campolongo Maggiore vent'anni fa viveva nell'omertà perché la maggior parte delle famiglie lavorava per il boss»[12].

La notte dei cambisti

Il 10 ottobre 1980 un commando guidato da Maniero si dirige a Cà Vendramin, sede invernale del Casinò di Venezia. L'obiettivo sono i cosiddetti "cambisti", ovvero gli strozzini che stazionano nei pressi della sala da gioco pronti a prestare denaro ad interessi folli ai giocatori rimasti senza un soldo ma che, divorati dal demone del gioco, non vogliono

---

[12] Maurizio Dianese, *Il Bandito Felice Maniero*, 1995, Il Cardo Editore.

smettere di scommettere. Un affare molto lucrativo che Maniero e i suoi non intendono lasciare a degli indipendenti o, peggio ancora, a qualche altra organizzazione criminale, sono ben decisi a occupare tutti gli spazi possibili per evitare qualsiasi tipo di infiltrazione su quello che ormai è a tutti gli effetti il loro "territorio".

Accerchiati, malmenati e pesantemente minacciati i "cambisti" del Casinò accettano le condizioni imposte loro dal nuovo capo della Mala veneta: da quel momento sborseranno regolarmente un milione e mezzo di lire al giorno per poter continuare a svolgere la loro attività senza problemi. Questo è il caro prezzo che bisogna pagare per assicurarsi la protezione di Faccia d'Angelo. Si trattava di una cifra enorme per l'epoca, ma i cambisti pagheranno sempre puntuali e senza mai protestare per 15 anni.

Monkey Business

Il giro d'affari della banda di Maniero è in continua espansione e, naturalmente, la mala del Brenta mette gli occhi anche sul fiorente mercato della droga. Una delle caratteristiche comuni a tutte le organizzazioni criminali moderne è, infatti, il controllo sistematico e capillare del mercato interno della droga, si pensi ad esempio alla Banda della Magliana, o anche a organizzazioni ben più strutturate come la 'Ndragheta o la Camorra.

Maniero e i suoi scagnozzi non possono certo farsi sfuggire quel mercato dalle potenzialità infinite. Quello della droga è un mercato in enorme espansione, garantisce margini di guadagno pazzeschi ed è impensabile rinunciarci. Lo stesso Maniero in una celebre intervista a Famiglia Cristiana del 1997, quando il giornalista domanda quale fosse il business che portava più soldi all'organizzazione, risponde in maniera estremamente chiara e diretta:

«Gli stupefacenti. Una cosa vigliacca. Vendevi morte e facevi quattrini a palate senza rischiare nulla. Non mi piaceva e me ne occupavo di persona il meno possibile. Io mi tenevo i soldi della droga, delle rapine e del gioco d'azzardo. Il resto lo lasciavo agli altri. Come i furti negli appartamenti: avevamo quattro squadre che partivano ogni sera. Ne vuotavano una ventina per notte. Lasciavo i guadagni ai luogotenenti: ciò consolidava il mio potere»[13].

Tra la fine degli anni '70 e l'inizio degli anni '80 il Veneto come molte altre regioni d'Italia viene letteralmente invaso da fiumi di sostanze stupefacenti che irrompono nella società e nelle famiglie, con tutto il loro strascico drammatico di morte e tragedia.

L'impatto è devastante dato che nessuno è minimamente preparato ad affrontare quella che si rivela in breve tempo una vera e propria piaga sociale.

---

[13] *Quando il Veneto era mio*, intervista di Luciano Scalettari a Felice Maniero, Famiglia Cristiana, 1997.

I giardini pubblici che fino a ieri ospitavano mamme e bambini di colpo diventano frequentati quasi esclusivamente da spacciatori e tossicodipendenti. Nelle zone più depresse d'Italia poi il fenomeno prende i connotati di un'autentica tragedia, il degrado avanza in maniera apparentemente inarrestabile.

Dietro tutti questi traffici nelle zone del Nordest del paese c'è quasi sempre Maniero con la sua organizzazione. Ma da dove veniva tutta questa droga?

Non solo droga

«All'inizio la droga ci arrivava dal clan Fidanzati e da Salvatore Enea, a Milano. Poi da un trafficante turco, Charlie, uno dei maggiori produttori al mondo. I suoi laboratori sono gestiti dai ribelli curdi del PKK. La coca invece la importavamo direttamente da Medellín»[14].

La droga insomma garantisce un flusso di denaro costante di fronte a un rischio tutto sommato limitato per la Mala del Brenta. Per Maniero e i suoi è il metodo più facile e veloce per accumulare una ricchezza al di là di ogni immaginazione. E, come ha dichiaro Pastore:

«Era in affari anche con il figlio di Franjo Tudjman, l'ex

---

[14] Ibid.

presidente della Repubblica di Croazia. Un accordo per il traffico d'armi. Alla banda servivano quelle leggere, in Croazia, invece, arrivavano le armi pesanti, carri armati, cannoni, elicotteri da combattimento e Felice aveva incaricato un suo amico per questo, un commerciante d'armi di Verona»[15].

La vera passione di Maniero però, l'arte criminale in cui tutto il suo genio illegale, se così possiamo definirlo, risplende di più, sono state le rapine, sempre organizzate e preparate nei minimi dettagli in maniera maniacale. Quel ragazzo di campagna voleva dimostrare di essere un Arsenio Lupin di prim'ordine e mette a segno una serie di rapine da film che lasciano letteralmente a bocca aperta tutti.

Il fascino delle rapine

Lo stesso Maniero ha raccontato la sua esperienza criminale e la sua personalissima idea di malavita:

«So per certo che i Misso, potente famiglia della camorra napoletana, hanno già avuto approcci in Veneto. Sarebbe una malavita ben diversa dalla nostra: in vent'anni da noi sono state uccise una decina di persone. In Sicilia ne ammazzano mille all'anno. Ho impedito l'eliminazione di almeno cento traditori e "infami" e non abbiamo mai sparato ai poliziotti. Tenga conto che avremmo potuto uccidere qualunque magistrato

---

[15] Corriere Magazine, op. cit.

di Venezia, da Casson a Dalla Costa, da Pavone a Foiadelli.

Tramite gli infiltrati sapevamo tutto di loro: indirizzi, scorte, orari, numeri dei cellulari. La mia politica era di evitare per quanto possibile lo spargimento di sangue. Di solito la malavita fa la scelta opposta: uccidere aumenta il prestigio nell'ambiente. Ed è facilissimo. Fare una rapina o evadere è complicato, ci vogliono mezzi e cervello. Ammazzare è tecnicamente banale»[16].

Insomma, le rapine per Felice Maniero mantengono un fascino tutto particolare, sono qualcosa di unico. Secondo il boss della Mala del Brenta le rapine infatti rappresentano innanzi tutto una sfida intellettuale tra l'organizzazione, i rapinati e le forze dell'ordine. Si tratta di una complessa partita aperta in cui rivive il vecchio mito del bandito contrapposto alla polizia, torna la storia romantica del ladro gentiluomo tanto cara alla letteratura di tutto il mondo.

E poi c'è l'emozione unica e irripetibile che si prova quando si deve mettere in pratica un piano studiato attentamente in ogni minimo dettaglio:

«La scarica adrenalinica che mi da una rapina io non la provo per nient'altro»[17].

---

[16] Luciano Scalettari, op. cit.

[17] Ib.

RAPINATORI NATI

Secondo Maniero dunque è con le rapine, più che con la violenza fine a se stessa, che un criminale può dimostrare tutto il suo spessore, chiamiamolo così, ed in questo campo Faccia d'Angelo ha dimostrato di non essere secondo a nessuno. Maurizio Dianese, giornalista veneto che ha seguito per decenni il fenomeno della Mala del Brenta, quando deve parlare di FeliceManiero e dei suoi *tosi* dice:

«*Sono rapinatori nati, cioè hanno il talento del rapinatore*»[18].

Due sono le rapine che sono passate alla storia per l'ammontare del bottino e la spettacolarità del colpo,

---

[18] Maurizio Dianese, op. cit.

quella all'hotel Des Bains al Lido di Venezia che vi abbiamo già raccontato, e quella all'aeroporto Marco Polo, sempre a Venezia. Due colpi miliardari che lasciarono di stucco le forze di polizia e che sembrano usciti direttamente da un film di Hollywood, quelli in cui gente come Brad Pitt e George Clooney svaligiano prestigiosi casinò grazie a piani elaborati e che sembrano incredibili.

La prima, quella all'hotel Des Bains del 3 luglio del 1982, frutta alla banda una cifra che per loro era al di là di ogni immaginazione. Come abbiamo visto i *tosi* della Mala del Brenta ripuliscono uno dei ritrovi più chic dell'aristocrazia europea e dei miliardari di tutto il mondo senza dover sparare una sola pallottola.

Sembra impossibile che qualcuno riesca a mettere a segno un colpo così perfetto con tanta semplicità, eppure per i ragazzi di Versace spruzzati di Van Cleef tutto fila liscio.

Il colpo all'aeroporto

All'aeroporto di Venezia un commando composto da Felice Maniero e sette "soldati" entra in azione la sera del 1° dicembre 1983. Questa volta la banda viaggia con il pilota automatico. Un dipendente dello scalo infatti li ha avvertiti che una grossa partita di oro lavorato è in partenza dall'aeroporto Marco Polo diretta a Francoforte in Germania per una fiera di settore. Si tratta semplicemente di riuscire a entrare all'interno dell'aeroporto senza farsi notare e poi il gioco è fatto. Mancano 45 minuti all'imbarco del preziosissimo carico quando Maniero e i *tosi* irrompono nell'ufficio della Dogana col volto coperto e con le armi in pugno.

Verso l'imbrunire la banda scavalca la rete di recinzione, sono armati di due pistole e due fucili mitragliatori. Tutti sono tutti travestiti con passamontagna. Entrano nel locale dove avrebbero dovuto trovare 4 o 5 persone, invece ne si trovarono di fronte a oltre 30 uomini a cui venne intimato di stendersi a terra. Nel *caveau* c'erano una serie di scatoloni pieni d'oro. Il bottino viene tutto caricato su un furgoncino dell'aeroporto. L'oro, 170 chili, verrà poi fuso in lingotti.

Anche questa volta non c'è stato bisogno di sparare un solo colpo, tutto riesce perfettamente senza che nessuno si faccia male, il piano organizzato da Felicetto si è rivelato semplicemente perfetto. E stiamo parlando di una rapina all'interno di un aeroporto internazionale, uno dei luoghi per definizioni più protetti in assoluto e, nel caso del Marco Polo di Venezia, con pochissime possibilità di scelta per quanto riguarda le vie di fuga dato che l'aeroporto è in riva al mare. Anche questa volta il colpo frutta una cifra da sogno a quei ragazzi di campagna che hanno deciso di prendersi tutto e subito: dal *caveau* dell'aeroporto infatti i *tosi* si portano a casa 3 miliardi dell'epoca in oro.

Maniero ed i suoi dimostrano di essere perfettamente in grado di colpire come un falco e di sparire come un alito di vento. Nessuno riesce a mettere le mani su di loro anche se si muovono in un territorio limitato geograficamente, la polizia e gli inquirenti hanno sì tanti sospetti ma alla fine da un punto di vista pratico brancolano nel buio.

Tante vittime innocenti

Non tutte le rapine però riescono secondo i piani, come quella volta che la Mala assalta un vagone del treno Venezia-Milano che, secondo una soffiata sicura, dovrebbe essere pieno zeppo di soldi. Invece quell'informazione si rivela falsa e i ragazzi di Maniero si ritrovano ad assaltare un treno che trasporta un mucchio di documenti senza valore. Alla fine la banda rimedia un magro bottino di 100 milioni, ma non tutto fila liscio come al solito. Questa volta però ci scappa il morto.

Gli uomini della mala hanno già preparato l'esplosivo per far saltare il vagone. All'altezza di Vigonza costringono i macchinisti a scendere, mentre col megafono intimano agli agenti di scorta di uscire a mani alzate. Poi col kalashnikov vengono esplosi alcuni colpi verso la saracinesca per essere sicuri che non ci fosse nessuno. Quindi viene applicata la piastra con l'esplosivo alla saracinesca, che provocò uno squarcio enorme. Vengono quindi prelevati i sacchi e la banda fugge un bottino di "appena" 100 milioni di lire. Più tardi si viene a sapere che sul treno era morta una ragazza.

La ragazza, Cristina Pavesi è una giovane studentessa di Lettere e Filosofia di appena 22 anni. Una vittima innocente che viaggiava su un treno che va nella direzione opposta: al momento dell'esplosione il vagone nel quale si trova Pavesi viene investito da una pioggia di vetri e schegge di lamiera. Per lei non c'è nessuna speranza di salvarsi dall'esplosione. Ecco come racconta i tragici momenti immediatamente successivi all'assalto un articolo dell'epoca del quotidiano La Repubblica:

«Nella scena apocalittica, fumo, odore acre di combustione, donne che piangevano, e i due treni come carcasse fermi nel buio. I rapinatori si sono infilati nel vagone vuoto, hanno preso quel che c'era e si sono allontanati dai binari. Per la fuga sono state adoperate almeno tre macchine: una Audi, una Opel Kadett, una Lancia Delta, sparite nelle stradine di campagna verso Venezia.

Oltre una dozzina di persone si lamentavano, ferite in modo più o meno grave. Mentre polizia e carabinieri cominciavano le battute di ricerca, dagli ospedali sono giunti i primi soccorsi. Per Cristina Pavesi non c'era nulla da fare, uccisa praticamente sul colpo»[19].

---

[19] *Assalto al treno col Bazooka*, La Repubblica, 14 dicembre 1990.

Le vittime innocenti della banda sono tante, troppe, come il camionista Gianni Nardini, preso in ostaggio durante l'assalto a un blindato lungo la A13, nei pressi di Boara Pisani, il 21 ottobre 1987.

Oltre che con le rapine, la droga, i furti e le altre azioni illegali, la Mala si cimenta anche in un'attività criminale particolarmente vigliacca e tristemente famosa in Italia tra gli anni '70 e '80: i sequestri di persona. Da soli, o con il supporto di bande di nomadi e giostrai specializzati nel prelevamento degli ostaggi, Maniero e i suoi hanno infatti gestito alcuni famosi sequestri come quello di Marina Rosso Monti, liberata grazie a un blitz delle forze dell'ordine, ma anche quello di Paola Wilma Banzato che frutta ai *tosi* la bellezza di 600 milioni di riscatto.

Maniero però capisce in fretta che quello non è un ramo criminale nel quale possono avere successo: troppi i rischi legati alla gestione di un sequestrato a fronte di guadagni relativamente bassi. Inoltre per portare a termine con successo un sequestro sono necessari una struttura ed un'organizzazione specializzate nelle varie fasi dell'operazione, ci sono troppi dettagli da considerare e, sopratutto, troppe persone informate dei fatti, particolare questo che non piace al boss della Mala del Brenta.

Per tutta la durata di un sequestro infine le zone considerate a rischio di ospitare un ostaggio vengono militarizzate dalle forze dell'ordine, particolare che rende ancora più difficile qualsiasi altro traffico, cosa che alla fine rende anti-economico gestire operazioni di questo tipo. Attenzione però, nella scelta di Maniero non c'è il minimo pentimento o compassione per le persone sequestrate: si tratta di un mero ragionamento economico.

In breve la Mala del Brenta tornerà dunque a concentrarsi esclusivamente sulle più lucrose e a loro congeniali attività illecite come la gestione delle bische, le rapine ed il traffico e lo smercio di sostanze stupefacenti.

A questo proposito ecco con quali parole lo stesso Maniero ancora racconta il suo controverso, ma molto ben redditizio, rapporto con la droga:

«All'inizio eravamo contrari alla droga. Poi vedevamo la zona riempirsi di meridionali, nelle case da gioco vedevamo che spacciavano e l'abbiamo fatto per opportunità. L'abbiamo acquistata e un po' alla volta abbiamo preso in mano la zona di Venezia, Mestre, Chioggia, quasi tutta Padova fino a Pordenone. L'acquistavamo e la distribuivamo a chi aveva in mano le varie zone: noi la consegnavamo e loro la pagavano»[20].

---

[20] Monica Zornetta, op. cit.

MAGO DELLE EVASIONI

Se c'è una cosa di Maniero che tutti si ricordano sono le sue rocambolesche evasioni dal carcere: quella del 1987 da Fossombrone in provincia di Pesaro e quella dal super carcere di Due Palazzi di Padova del 1994. Anche qui si tornano a fare paragoni con le storie raccontate dal cinema. La fuga da Fossombrone sembra la sceneggiatura di un vecchio film come "Fuga da Alcatraz" o "Fuga di Mezzanotte".

Fuga da Fossombrone

Per giorni e giorni alcuni fedelissimi di Maniero scavano un lungo e profondo cunicolo che attraverso le condotte fognarie arriva fin dentro al carcere. Maniero e il suo compagno di cella, il brigatista Peppino di Cecco, saltano dentro in tunnel il 16 dicembre 1987. Ad attenderli all'interno e fuori dal tunnel ci sono i soldati più fidati del boss di Campolongo. I fuggiaschi ed i loro complici a quel punto cominciano a correre a perdifiato per timore di essere inseguiti dalle guardie carcerarie.

Nel suo libro autobiografico Una Storia Criminale, Felice Maniero ricorda così quell'evasione storica:

«Iniziammo una corsa disperata nei tunnel del labirinto dove la sola luce della torcia era quella di Giulio perché nella confusione avevamo dimenticato le altre vicino al foro [...].

Non sapevo dove stessi mettendo i piedi ma di certo era qualcosa di disgustoso. Improvvisamente sprofondai in una fanghiglia dove l'acqua presto mi arrivò al ginocchio.

Cascai nella fogna. Eravamo arrivati ad una barriera di cemento. Mi gettai nello spiraglio di luce all'impazzata senza guardare più niente e nessuno. Temevo di avere le guardie alle calcagna»[21].

---

[21] Felice Maniero e Antonio Pasqualetto, *Una storia criminale. Nell'autobiografia di Faccia d'angelo tutti i retroscena di una vita fuorilegge*, 1997, Marsilio Editori.

In realtà le guardie sono ben lontane dal sospettare dove sbuchi il tunnel e i fuggitivi hanno un discreto margine di sicurezza, tanto che riescono a fuggire indisturbati e così si mettono in salvo.

«Ci tuffammo nelle acque del Metauro. Nuotammo con la forza della disperazione contro la corrente del fiume che ci spingeva a valle (…). Raimondo ci aspettava sulla riva, prese Peppino per il maglione e lo trascinò fino all'automobile che ci aspettava con le portiere aperte ed il motore già in moto. Le ruote iniziarono a divorare l'asfalto nella direzione del casello. "Se riusciamo ad imboccarla è fatta" pensai. [...] girammo a tutta velocità per la strada del casello. Nulla!»[22].

Fuga dal Due Palazzi

Ancora più scenografica e complessa l'evasione dal carcere di massima sicurezza Due Palazzi di Padova. È il 14 giugno 1994 e Maniero è sottoposto al regime di carcere duro, il famigerato 41 bis, quello riservato ai boss mafiosi. Alle 4.30 del mattino un nucleo di Carabinieri si presenta alle porte del super carcere della città del Santo.

«Abbiamo un mandato di trasferimento urgente e immediato per questi detenuti», dice un carabiniere al collega di guardia mentre gli porge un documento da firmare.

---

[22] Felice Maniero e Antonio Pasqualetto, op. cit.

La lista, oltre al nome di Felice Maniero, contiene anche i nomi di altri due appartenenti alla Mala, i fedelissimi del boss Baron e Pandolfo, e anche quello di un ergastolano, un camorrista e un turco, Nua Berisa, attivo nel traffico di sostanze stupefacenti ad altissimi livelli. Sembrerebbe un trasferimento di routine, se non fosse per un piccolo particolare: quelli non sono sono veri Carabinieri, quelli sono uomini di Maniero travestiti e anche il mandato di trasferimento è stato abilmente contraffatto.

I falsi Carabinieri, tra cui anche un pizzaiolo che aveva deciso di partecipare all'operazione, escono indisturbati dal carcere di massima sicurezza di Padova insieme ai veri criminali. Le finte auto dell'arma sgommano sull'asfalto: sono momenti di tensione in pochi minuti verrà diramato l'allarme e ci potrebbe anche essere il rischio di uno scontro a fuoco. È proprio in quegli attimi che non sembrano passare mai che alle spalle dei fuggitivi compare un'auto della polizia.

I malviventi preparano le armi, se la polizia dovesse decidere di fermarli allora sarebbe costretti a farsi largo con il piombo:

«*Si avvicinarono alla nostra macchina. Batacchi rallentò senza dare dell'occhio. I mitra erano già spianati sulle portiere. Al primo allarme avremmo fatto fuoco e armati come eravamo avremmo sicuramente avuto la meglio. Ma non volevo sporcare così, facendo fuoco su un paio di militari, un'azione perfettamente riuscita con la sola forza dell'audacia.*

"Non sparate!" ordinai. La gazzella si avvicinò ulteriormente, inserì la freccia per superarci. Ci affiancò. L'agente seduto a destra guardò dalla mia parte continuando a parlare con il collega. Si rigirò e la gazzella proseguì il sorpasso senza fermarci. Chiusi gli occhi e sospirai»[23].

Dubbi e sospetti

Questa fuga così rocambolesca e incredibile ha alimentato fin da subito il sospetto che Maniero sia stato aiutato da qualche potente apparato, qualcuno in grado di fornirgli supporto logistico e armi per l'evasione. Nel 2008, durante una trasmissione di Radio24, al Magistrato Renata Cescon che si è occupata del caso della banda di Maniero venne rivolta una domanda proprio su questo argomento:

Domanda: *«È possibile che 4 scalcagnati abbiano progettato un'evasione del genere senza avere alle spalle qualcosa di più grosso?»*

Risposta: *«Non definirei queste persone degli scalcagnati perché solo da un punto di vista delle armi sequestrate avevano a loro disposizione una ventina di kalashnikov, vario munizionamento, bombe a mano e un bazooka».*

Domanda: *«Rimane il fatto però che progettare un'evasione in massa ha bisogno di una mente raffinata che*

---

[23] Felice Maniero e Antonio Pasqualetto, op. cit.

forse non si intravede tra queste persone dedite a rapine e spaccio di droga».

Risposta: *«Guardi io di questo non posso parlare perché si tratta di un fascicolo coperto da segreto istruttorio».*

Opere d'arte e reliquie sacre

Un altro ramo nel quale Felice Maniero e i suoi non hanno avuto nessun rivale in quanto a destrezza e determinazione è stato quello dei furti delle opere d'arte e degli oggetti sacri. In questo campo la banda rivela un'incredibile abilità, quella cioè di capire quanto sia importante l'eco mediatica di certi colpi, al di là del valore puramente monetario delle opere o delle reliquie. Maniero descriverà questa singolare attività durante un interrogatorio nel 1995 con queste parole:

«Il fine perseguito con il furto di opere d'arte non era quello di ottenere denaro. Si faceva affidamento sullo sconcerto che questi furti clamorosi provocavano sull'opinione pubblica. Questo consentiva di instaurare una trattativa con le forze istituzionali in modo da ottenere sconti di pena, vantaggi carcerari o qualunque altro beneficio possibile a fronte del recupero delle opere d'arte».

E in effetti il sistema funziona fin troppo bene.

Trattativa con lo Stato

Nel 1991 un commando formato da Andrea Batacchi, Giulio Maniero e Stefano Galletto entra nella Basilica di Sant'Antonio. Armi alla mano e passamontagna calato sul volto immobilizzano alcuni fedeli e una guardia e si impossessano di un'importantissima reliquia, il mento di Sant'Antonio. Pochi mesi prima del furto un cugino di Maniero a cui il boss era molto affezionato era finito in galera con l'accusa di traffico di droga: la reliquia venne fatta ritrovare due mesi dopo all'aeroporto di Fiumicino e, in seguito al ritrovamento, il cugino del di Faccia d'Angelo beneficiò di un trattamento speciale.

La verità viene a galla soltanto molti anni dopo quando si scopre addirittura che è stato redatto dalle forze dell'ordine un falso rapporto per coprire Maniero e la sua banda. Non si doveva sapere infatti che il mento di Sant'Antonio era stato restituito dal boss dopo una trattativa serrata con lo Stato, trattativa che all'atto pratico venne condotta da Alfredo Vissoli, un ricettatore di Ferrara, e Gianni Ciliberi detto Calipatti, uno 007 del SISMI.

In realtà la preziosa reliquia era rimasta nascosta a pochi metri dalla villa di Felice Maniero a Campolongo Maggiore. All'epoca per non far cadere il palco viene organizzato un finto ritrovamento con tanto di trasporto in grande stile con un DC9 dell'Aeronautica Militare da Roma a Padova, ma quando la verità viene a galla finiscono in carcere Roberto Conforti, il comandante del Nucleo Tutela Patrimonio Artistico e anche due marescialli dei Carabinieri.

La verità sulla reliquia del Santo vent'anni dopo lo stesso Maniero per «riparare, anche solo per la miliardesima parte, al dispiacere che ho provocato ai fedeli» deciderà di raccontare l'intera vicenda in una lunga intervista esclusiva al Messaggero di Sant'Antonio, il periodico pubblicato dai frati di Sant'Antonio da Padova.

Ecco alcuni passaggi dell'intervista realizzata da Nicoletta Masetto:

«In quel momento avevo un grave problema da risolvere: mio cugino Giuliano era stato appena arrestato, rischiava almeno dieci anni di carcere e io non potevo sopportare una simile eventualità. Dovevo farlo uscire di lì, in qualsiasi modo. Avevo pensato di tutto: di farlo evadere, di andare a liberarlo, di rubare qualcosa di eclatante per poi effettuare lo scambio, di corrompere qualche magistrato.

[...] Un giorno, mentre chiacchieravo con Giuseppe Pastore, lui mi disse "Feli, il Santo a Padova!". Mi brillarono subito gli occhi. Era una delle rarissime opere d'arte, venerata dal mondo intero, con cui avrei potuto chiedere lo scambio. Senza indugi chiamai un altro mio cugino, Giulio, e altri del gruppo: Andrea Batacchi, Stefano Galletto e Andrea Zammattio. In pochi giorni organizzai la rapina che venne messa a segno. Ottenni quello che mi ero prefissato. Dopo la consegna della Reliquia, Giuliano venne scarcerato. [...]

All'epoca ero sottoposto alla misura di prevenzione. Nella trattativa, oltre alla liberazione di mio cugino, inserii la revoca di quel provvedimento.

Ma a me, in via prioritaria, interessava far scarcerare Giuliano. Come "anticipo" dello scambio mi venne data la possibilità di uscire da Campolongo Maggiore per motivi di lavoro. In seguito avrebbero dovuto revocarmi il provvedimento, che sarebbe scaduto entro pochi mesi. Questa promessa non venne mantenuta. Era prevedibile, avevano già la Reliquia. [...] Per quanto riguardava me, ricattare lo Stato e ottenere ciò che chiedevo era a dir poco eccitante. In ogni caso, ero lontano anni luce, anche solo nell'intenzione, dal fare del male a chicchessia. Sì, in quel momento era l'unica soluzione per ottenere favori concreti»[24].

Tra le varie opere d'arte gli uomini della Mala "prelevano", se così possiamo dire, anche alcuni importanti dipinti custoditi alla pinacoteca di Modena, anche questa volta per agevolare un loro sodale finito dietro le sbarre.

---

[24] Nicoletta Masetto, *Il Santo ritrovato*, Il Messaggero di Sant'Antonio, ottobre 2011.

FACCIA D'ANGELO, CUORE DA DIAVOLO

Se il nome di Felice Maniero è stato sinonimo di grosse rapine e fughe rocambolesche dal carcere, non possiamo dimenticare anche i tanti omicidi di cui si è reso responsabile direttamente o per interposta persona. La Mala del Brenta, come tutte le organizzazioni criminali nel corso degli anni è stata protagonista di fatti di sangue violenti ed efferati. Gli omicidi che gli inquirenti sono riusciti ad attribuire con certezza alla Mala del Brenta sono stati 18.

Il primo è del 1982 quando l'organizzazione decide di uccidere Roberto Menin. L'ultimo è del 1994 quando ad essere ucciso è proprio quel pizzaiolo, Giancarlo Ortes, che aveva aiutato Maniero a fuggire dal carcere Due Palazzi di Padova. I *tosi* della Mala avevano saputo che Ortes aveva deciso di collaborare con le forze dell'ordine e quindi non c'erano alternative: doveva essere eliminato. I killer lo freddano assieme alla sua compagna, una serba di nome Nazda Sabic, e seppelliscono poi i corpi uno sopra l'altro in un canale nelle campagne di Vigonza, in provincia di Padova.

Un storia molto strana

Strana storia quella del pizzaiolo prestato al crimine che, da uomo di fiducia della Mala, decide di diventare confidente della DIA. Per questo motivo viene prima individuato, poi intercettato ed infine eliminato senza nessuna pietà. Pare addirittura che il boss non si sia espresso sulla sua eliminazione ma abbia delegato la decisione ai suoi uomini.

Questa "anomalia" ha fatto nascere diversi dubbi. Più di qualcuno si è chiesto per quale motivo Ortes non avesse ricevuto una protezione adeguata da parte dello Stato. C'è anche chi ha anche sostenuto che con la sua morte si è voluta chiudere la bocca di una persona troppo informata su dettagli compromettenti legati all'evasione di Maniero, e non solo. La vicenda è arrivata anche nelle aule del Senato della Repubblica grazie ad alcune interrogazione parlamentari degli onorevoli leghisti Peruzzotti e Bozo che hanno chiesto chiarimenti sull'intera faccenda.

Omicidi poco chiari

L'avventurosa evasione dal carcere Due Palazzi di Padova è collegata ad un altro omicidio rimasto a oggi insoluto, quello di Antonella Bissolotti, 32 anni, massacrata brutalmente all'interno della sua macchina con 6 coltellate nell'estate del '94. Il suo corpo senza vita viene abbandonato dal killer in un canale nei pressi di Montegrotto, in provincia di Padova. Sembra che la ragazza fosse legata sentimentalmente a Raniero Erbì, l'agente di polizia giudiziaria che aiuta Felice Maniero a evadere e che proprio per questo viene condannato a 9 anni di galera, anche se poi in appello la pena viene ridotta a 3 anni e mezzo. Nessuno però è mai riuscito a collegare i due giovani in maniera inconfutabile e ancora oggi, nonostante le tante confessioni che hanno ufficialmente chiuso questa storia, l'omicidio della povera Bissolotti è avvolto nel più fitto mistero.

Il nome di Erbì è balzato di nuovo agli onori della cronaca molti anni dopo quella storica evasione, dato che l'ex secondino è stato protagonista di un vicenda giudiziaria a dir poco kafkiana. Come abbiamo ricordato infatti Erbì è stato condannato per aver aiutato Maniero a evadere dal Due Palazzi nel 1994, ma la sua condanna è passata in giudicato soltanto il 27 gennaio 2011.

17 anni dopo quella vicenda dunque Raniero Erbì è entrato in carcere per saldare il suo conto con la giustizia. L'ex secondino, raggiunto da diversi

giornalisti, ha fatto una serie di dichiarazioni destinate a far discutere. Secondo la ricostruzione ufficiale, infatti, è stato lui ad aprire la porta blindata e a far finta di cadere in ostaggio del commando, per poi essere tranquillamente liberato nelle campagne del padovano. Ma possiamo affermare con assoluta certezza che le cose siano andate in questo modo o sotto c'è dell'altro?

Raniero Erbì, in un'intervista a Giovanni Viafora pubblicata il 24 febbraio 2011 sulle pagine del quotidiano Il Corriere del Veneto, ha commentato così quei fatti:

«*Io non sono mai voluto scendere a patti con nessuno. Mi avevano chiesto di pentirmi e di raccontare una storia che faceva comodo, ma non ho voluto vendere la mia dignità. Maniero, invece, la sua dignità l'ha venduta. Si è fatto i suoi interessi. Comunque io non ho fatto nulla: non credo nella giustizia italiana, ed è per questo che non ho mai voluto partecipare alle udienze in tribunale e non ho mai parlato con nessuno. Mi hanno buttato addosso di tutto e sono stato l'unico a parlare [...].*

Maniero non è scappato soltanto perché io gli ho aperto il cancello. È stato bravo. Fu un'evasione evangelica: neanche uno schiaffo, tutto perfetto. Se ho qualche responsabilità sono pronto a pagare, ma i magistrati hanno indagato in un'unica direzione.

Mi devono spiegare alcune cose: come mai una settimana prima dell'evasione venne sospeso il giro di pattugliamento dei carabinieri all'esterno del carcere? E come mai, quella notte, fui lasciato io a comandare il penitenziario, che ero un semplice agente scelto? Queste non sono coincidenze casuali.

Se parlo adesso prendo altri sei mesi di carcere. Aspettate la mia uscita e poi venite a trovarmi in Sardegna. Là racconterò tutto, difeso dai miei amici banditi. Loro sono con me e mi vogliono bene. Poi scriverò tutto in un libro»[25].

Quale verità?

Queste parole dunque gettano nuove ombre su quella storica evasione e, soprattutto, fanno emergere prepotentemente il sospetto che il boss non abbia raccontato tutta la verità sulla Mala del Brenta. Ne è convinto Silvano Maritan, l'ex boss della Mala del Veneto orientale che dopo aver passato 33 anni di galera è tornato libero nel 2016.

La prima cosa che ha fatto? Accusare Maniero di aver raccontato soltanto quello che ha voluto:

«Felice Maniero si è dimenticato di 8 episodi per un totale di 11 morti ammazzati, ma soprattutto ha condannato all'ergastolo, sulla base delle sue dichiarazioni, un innocente per un triplice omicidio che quello non ha commesso [...] Non ha confessato quegli 11 omicidi perché avrebbe dovuto raccontare del coinvolgimento di suo zio Renato e di suo cugino Giulio, che

---

[25] *"Mi consegno ma la verità su Maniero è un'altra". In cella la guardia che aiuto a fuggire il boss*, Giovanni Viafora, Il Corriere del Veneto, 24 febbraio 2011.

ha invece salvato.

Tant'è che l'omicidio di Orlando Battistello, Giulio lo ha confessato solo quando non poteva più negare, visto che lo avevo incastrato prima io e poi Sergio Baron. Sia Giulio che Felice se n'erano dimenticati, guarda un po'. Quindi non è la prima volta che Felice Maniero fa il furbo».[26]

Quella di Maritan è un'altra storia che andrebbe raccontata dato che, poco meno di un mese dopo essere uscito dal carcere, ha ucciso a coltellate un presunto Alessandro Lovisetto, un altro ex della Mala del Brenta. Tra i due era scaturita una lite in pieno centro a San Donà di Piave, piccola cittadina in provincia di Venezia, lite presto degenerata in rissa e poi sfociata in omicidio. Maritan ha estratto un coltello a serramanico e ha letteralmente sgozzato il rivale in amore. Risultato: dopo poco meno di un mese di libertà grazie a una serie di sconti di pena è arrivata una nuova condanna a 14 anni per omicidio.

Ma torniamo per un'attimo all'incredibile evasione dal carcere di massima sicurezza Due Palazzi di Padova. Un'operazione del genere poteva essere messa in piedi soltanto sfruttando contatti e aderenze molto in alto. Era già attivo nel 1994 il famoso "livello politico" a cui la mala sarebbe dovuta arrivare prima o poi? Chi ha favorito Maniero e i suoi *tosi* in quella operazione? Tutte domande che resteranno molto

---

[26] *Maritan torna a casa e rivela: "Maniero ha taciuto 11 delitti",* Maurizio Dianese, Il Gazzettino, 23 ottobre 2016.

probabilmente senza risposta. Un altro omicidio ancora in parte misterioso è quello di Stefano Carraro, detto Sauna, vecchio amico di infanzia di Maniero.

Il cassiere della Mala

Sauna era una specie di cassiere della Mala del Brenta e gestiva, secondo alcuni in modo un po' spregiudicato, le finanze miliardarie del gruppo. Ufficialmente il suo lavoro era quello di massaggiatore sportivo, ma grazie agli ingenti introiti che gli derivavano dal suo "secondo lavoro" poteva sfoggiare uno stile di vita di tutt'altro spessore. Si dice addirittura che ad un certo punto girasse in Rolls Royce, particolare che non passava certo inosservato nella provincia veneta di quegli anni, soprattutto per uno che veniva dalla case popolari.

È stato lui a rubare la celebre frase di Gianna Nannini *"noi siamo i ragazzi di Versace spruzzati di Van Cleef"*[27], per descrivere i *tosi* della Mala, come abbiamo ricordato in precedenza. Per Stefano Carraro dunque va tutto alla grande, finché la notte del 15 agosto 1986 qualcuno suona al campanello della sua villetta in vicolo Ca' Tron a Dolo, in provincia di Venezia. Sauna non è solo in casa, con lui infatti c'è anche la sua compagna Fiammetta Gobbo.

---

[27] Nannini / Riva / Paoluzzi, op. cit.

Quella che va in scena nella villetta del cassiere della Mala è una carneficina: Carraro va ad aprire e viene freddato sulla porta da ripetuti colpi di arma da fuoco. Più che di un "normale" omicidio si può parlare di una esecuzione.

La donna, allarmata dagli spari, prova a rifugiarsi sotto il letto ma gli assassini l'hanno vista o, molto probabilmente, sanno già che è in casa. Per lei non c'è nessuna speranza: i killer la finiscono a colpi di revolver. Che abbia visto troppo o che sappia troppo non importa, di lei non ci si può fidare.

Dopo la carneficina in mezzo alle gambe del corpo senza vita di Carraro viene appoggiata una bottiglia di acqua. Il messaggio, per chi parla la lingua della Mala, è chiaro: al posto delle palle hai solo acqua. Ufficialmente la morte di Sauna non ha un colpevole, anche se a proposito di questo duplice omicidio Silvano Maritan ha dato la sua versione dei fatti:

«Sauna e la sua compagna, Fiammetta Gobbo, sono stati uccisi per soldi. Sono stati Giulio Maniero e Orlando Battistello che poi è stato fatto fuori a sua volta da Giulio Maniero sempre su ordine di Felice»[28].

---

[28] Il Gazzettino, 23 ottobre 2016, op. cit.

Domande senza risposta

Come abbiamo ricordato ci sono ancora molti punti oscuri intorno all'omicidio di Stefano Carraro. Troppe cose non tornano, ci sono troppi dettagli fuori posto, troppi segreti.

Innanzi tutto non è chiaro chi abbia effettivamente fatto fuoco, né chi sia stato a dare l'ordine di quella che come abbiamo visto è stata un'esecuzione da manuale. In quei giorni, infatti, Maniero è rinchiuso in carcere a Fossombrone e anche molti anni dopo, quando comincerò a collaborare con la giustizia, si dichiarerò sempre estraneo a questo omicidio, anche se abbiamo visto che non tutti sono d'accordo con le verità dell'ex boss. Se fosse stato un alto gruppo a eliminare Sauna però avremmo probabilmente assistito ad un'escalation criminale, a una guerra tra bande per ripulire col sangue l'onta subita dalla Male del Brenta. Invece, per quanto ci è dato sapere, niente di tutto ciò si è verificato.

La ricostruzione più plausibile la fa Mario Artuso, il cassiere ufficiale della banda, scomparso nell'ottobre del 2010, che dà ragione a Maniero:

«È vero che Maniero non sa chi ha ucciso Sauna. Stefano CarrarDa ragazzo non vedevo l'ora di andare in carcere per sentirmi all'altezza di tutti gli altri che mi circondavano nell'ambienteo è morto per i 780 milioni che aveva in cassaforte.

Stava per scappare in Turchia dove voleva aprire un casinò. Lo hanno ucciso i finanziatori, tra cui "Marietto" Pandolfo e Alceo Bartalucci. A farsi aprire la porta è stato Battistello»[29].

Un regolamento di conti interno insomma contro un uomo che stava per prendere il volo con i soldi della banda per rifarsi una vita altrove, proprio come farà Maniero pochi anni dopo con maggior successo.

---

[29] *«Ho gestito i miliardi di Maniero, ma lui ha tentato di farmi uccidere tre volte»*, Maurizio Dianese, Il Gazzettino, 16 ottobre 2010.

STRATEGIA DI SANGUE

La scia di sangue della banda Maniero è molto lunga. Si tratta per lo più di regolamenti di conti interni all'organizzazione, come spesso accade nelle bande criminali di questo tipo. Così in pochi anni vengono freddati, tra gli altri, Zeno Richitina Bertin, Gianni Gabbia, Gianni Barizza e Orlando Battistello, tutti personaggi che avevano avuto un ruolo importante in alcune delle azioni più eclatanti della Mala del Brenta.

C'è chi ha sottolineato come la maggior parte degli omicidi di Maniero possano essere letti in chiave strategica. Per usare parole molto semplici, il boss della Mala, a un certo punto della sua escalation criminale, deve necessariamente eliminare i concorrenti scomodi, quelli che possono sembrare più forti di lui o che possono anche soltanto mettere in discussione il suo ruolo ormai consolidato di leader assoluto all'interno dell'organizzazione. Tutte persone che, inoltre, un domani potrebbero rappresentare un pericolo mortale per Faccia d'Angelo perché, se messe in condizioni disperate, si potrebbero pentire e iniziare a vuotare il sacco con le forze dell'ordine, con conseguenze disastrose per il boss veneto.

The Rizzi's Connection

I fratelli Rizzi, ad esempio, hanno deciso di sganciarsi dalla banda Maniero e di mettersi in proprio, un po' lo stesso percorso seguito da migliaia di dipendenti delle aziende venete che in quegli anni aprono un capannone o iniziano un'impresa in maniera autonoma. In fin dei conti quella di non lavorare soto paròn è sempre stata una delle più grandi aspirazioni dei veneti, e lo stesso Maniero con la sua storia criminale ne è l'esempio perfetto.

Tutti sapevano che Maurizio e Massimo Rizzi erano due personaggi molto potenti a Venezia città. Nelle calli e nei campielli erano loro a controllare praticamente tutto il traffico di eroina, oltre a gestire tutte le attività illegali in quella che resta ancora oggi una delle città più amate dai turisti di tutto il mondo. I due fratelli Rizzi però avevano un brutto difeto, erano ambiziosi, troppo ambiziosi. E proprio a causa di questa ambizione commisero un errore fatale, ovvero pensare di poter mettere le mani su un territorio che il boss aveva già assegnato a qualcun altro. A un certo punto infatti credono di essere diventati abbastanza potenti da poter mettere in discussione l'autorità e la forza di Maniero, ed è in questo momento che commettono il loro ultimo errore. Decidono di sfidare l'organizzazione e così uccidono uno spacciatore, tale Giancarlo Millo, detto il Marziano, che spaccia a Venezia su mandato ufficiale dei mestrini, il gruppo che fa capo a Felicetto e che controlla la città di Mestre.

A questo proposito il magistrato Francesco Saverio Pavone ha sottolineato come

«[...] i Rizzi in quel momento vengono presi da un delirio di onnipotenza. Dicono: comandiamo noi, noi ci piglieremo la piazza. Lui non comanda niente».

Ecco invece come lo stesso Maniero ricorda quei giorni turbolenti:

«A questo punto la decisione di eliminarli fu naturale per tutti. Già prima c'era quasi la volontà di farlo e io volevo andare a parlare con loro per vedere se si aggiustava la situazione ma dopo l'omicidio Millo non c'era più niente da parlare. Ormai era scoppiata la guerra».

Come regolare i conti con i Fratelli Rizzi? Dove eseguire l'inevitabile sentenza di morte? L'ipotesi di colpire a Venezia, la città dei Rizzi, viene in fretta scartata. Troppo difficile muoversi in quella città e, soprattutto, sarebbe praticamente impossibile scappare. Qualcuno arriva addirittura a pensare di uccidere i due fratelli durante il carnevale, utilizzando dei killer mascherati come si faceva a Venezia ai tempi della Serenisima. Anche quest'idea però viene accantonata dato che alla fine si tratta di un piano con troppi punti deboli. Nessuno vuole correre il rischio che la faccenda degeneri in una strage o, peggio, che vengano coinvolti anche dei passanti.

Trappola in terraferma

Non c'è altra soluzione che attirare i fratelli Rizzi in una trappola in terraferma, "portarli a dama" come si dice in gergo malavitoso, e qui risolvere il problema in maniera definitiva. I Rizzi però, anche se in pieno delirio di onnipotenza, conoscono bene quell'ambiente e sono giustamente molto diffidenti di qualsiasi proposta arrivi da Faccia d'Angelo. Sanno benissimo di averla fatta grossa uccidendo il Marziano, per questo non si fidano di nessuno. In un paio di occasioni fiutano il pericolo e, all'ultimo momento, non si presentano a degli appuntamenti già fissati con gli uomini della Mala.

Il 10 marzo 1990, forse attirati dalle lusinghe di un facile guadagno, i fratelli Rizzi accompagnati da un loro fedelissimo, Gianfranco Padovan, si incontrano con Maniero e i suoi a Galta di Vigonovo, sulle rive del fiume Brenta. Dopo pochi secondi però i 3 si rendono conto di essere caduti in una trappola. A quel punto tentano una fuga disperata, ma sono investiti dalle scariche di piombo sparate da Maniero e dai suoi che non lasciano loro nessuna possibilità di salvezza. I cadaveri vengono seppelliti poco lontano, lungo gli argini del fiume che attraversa il Veneto e da cui la Mala ha preso il nome. L'onta è stata vendicata col sangue, ora anche la città di Venezia è tornata sotto il pieno controllo di Felice Maniero della sua banda che ormai è militarizzata in maniera strutturata come le cosche mafiose.

Una lunga attesa

Bisogna attendere fino al 1995 però per avere la versione ufficiale di questa strage sanguinaria, versione con fermata in maniera definitiva dal ritrovamento dei corpi da parte delle forze dell'ordine. Sarà lo stesso Felicetto, diventato nel frattempo collaboratore di giustizia, a far luce su questo drammatico evento e a far sì che vengano finalmente ritrovati i cadaveri dei fratelli Rizzi e del loro sodale Giancarlo Padovan. Fino a quel momento infatti dei Rizzi non si era saputo più nulla e, anche se tutti sapevano benissimo che erano stati eliminati, nessuno aveva mai aperto bocca e così i corpi non erano mai stati ritrovati. L'aspetto sconcertante di questa storia è che nemmeno i familiari dei due fratelli avevano denunciato la scomparsa dei loro congiunti. Il magistrato Angelo Risi è arrivato a ipotizzare che, proprio in virtù di questo loro silenzio "d'onore", siano poi stati aiutati da Felice Maniero con grosse somme di denaro.

COLLABORATORE DI GIUSTIZIA

L a latitanza di Felice Maniero dopo la rocambolesca fuga dal carcere di Padova del 1994 dura soltanto pochi mesi. Questa volta Felicetto viene catturato a Torino il 12 novembre 1994. Il boss in fuga ha in tasca una carta d'identità falsa, intestata all'architetto Luca Basso. Insieme a lui c'è Marta Bisello, la sua compagna. È Michele Festa, oggi sostituto commissario della mobile di Verona e all'epoca dei fatti investigatore della Criminalpol di Venezia, a mettere definitivamente le manette ai polsi di Faccia d'Angelo. I due si conoscono molto bene: sono rivali da una vita e, anche in un momento così drammatico, Faccia d'Angelo non perde la sua solita verve, come ha ricordato lo stesso Festa all'Ansa.

"Ancora tu?"

Quando Maniero vede davanti a sé l'investigatore lo riconosce subito e dice, con il suo classico sorriso sulle labbra, «Ancora tu?». Al che Festa gli risponde «Ma non dovevamo vederci più?», citando la famosa canzone di Battisti e Mogol. Sorrisi e citazioni a parte, il boss della Mala del Brenta questa volta però ha capito perfettamente che la sua carriera criminale è finita. A questo punto si è rende conto che ha una sola possibilità per salvarsi e così diventa un collaboratore di giustizia. In molti hanno sottolineato come tecnicamente Faccia d'Angelo non si sia mai pentito ma, in realtà, abbia soltanto deciso di collaborare perché aveva capito di essere arrivato al capolinea. Lui stesso ha sempre preferito utilizzare il termine "confidente" per indicare la sua delicata posizione senza mai parlare di "pentimento".

A chi gli fa notare che con l'immensa fortuna accumulata nel corso degli anni avrebbe potuto tranquillamente rifugiarsi all'estero e sparire per sempre, risponde che fuori dalla sua terra, fuori di casa e, soprattutto, lontano da sua madre lui non avrebbe mai potuto essere sereno. Da queste parole emerge un punto chiave di tutta la storia criminale di Faccia d'Angelo. Maniero infatti, nonostante le enormi ricchezze accumulate negli anni, non ha mai voluto lasciare Campolongo Maggiore, il suo paese natale.

Il legame con la terra

Vivere da nababbo in qualche paradiso tropicale non avrebbe avuto nessun senso per Felicetto. Il richiamo della sua terra e della sua gente era qualcosa di troppo forte, qualcosa a cui Maniero non avrebbe mai potuto resistere. Lontano dalle sue radici il boss non sapeva che farsene delle sue ricchezze. Ancora più forte il rapporto con la madre che Maniero non ha mai voluto lasciare sola, e con cui è sempre stato legato in maniera quasi viscerale. C'è stato chi, come il già citato Silvano Maritan, ha sempre sostenuto che il vero capo della banda fosse in realtà Lucia Carrain, la madre di Maniero, oltre a dire chiaro e tondo che la Mala del Brenta aveva stretto importanti legami con le istituzioni:

«L'arresto di Felice è stata una messinscena. Lui aveva già deciso di collaborare. Con le sue dichiarazioni ha protetto la madre e il cugino, oltre a se stesso, ovviamente. So che i soldi della nostra banda arrivarono in Svizzera grazie a importanti coperture istituzionali di cui Maniero godeva»[30].

Certo, come abbiamo ricordato tra Maritan e Maniero non corre più buon sangue, anche perché a sentire l'ex amico e compagno di scorribande di Felicetto

---

[30] *"I segreti di Maniero tra miliardi in Svizzera e omicidi nascosti"*, Nino Materi, Il Giornale, 24 ottobre 2016.

«Se oggi mi trovassi dinanzi a Maniero lo ammazzerei. In più occasioni ha cercato di incastramDa ragazzo non vedevo l'ora di andare in carcere per sentirmi all'altezza di tutti gli altri che mi circondavano nell'ambientei, tentando di attribuirmi suoi delitti. Non potrò mai perdonarlo»[31.]

Una figura complessa

Anche Michele Festa, l'ispettore della Criminalpol che come abbiamo ricordato è stato un fiero avversario di Felicetto e che alla fine è anche riuscito a mettergli le manette ai polsi, ha sottolineato in più di un'occasione questo legame fortissimo tra Maniero e la madre:

«Maniero era una persona complessa, autonoma ma condizionabile dalle figure femminile, in particolare dalla madre. Tutto quello che Maniero ha fatto nel suo passato non è mai stata una sua decisione autonomia, ma sulla spinta di altri, le donne soprattutto»[32.]

Si tratta comunque di supposizioni, dicerie mai provate da un punto di vista giudiziario. È invece

---

[31] Ib.

[32] *Maniero libero, il boss raccontato dal poliziotto veronese che lo arrestò,* TGVerona, 23 agosto 2010.

un fatto che Maniero, nel patto stretto con lo Stato, ha preteso l'immunità totale per sua madre, sua sorella e suo cugino. Così come ha preteso, ed è riuscito a ottenere, di conservare i conti correnti multimiliardari: ecco perché diversi analisti hanno sottolineato, giustamente a nostro avviso, come non sia corretto parlare di "pentimento" nel caso dell'ex boss della Mala del Brenta.

Interessante a questo proposito quanto dichiarato da Carmine Damiano, ex capo della Mobile di Padova:

«Quando arrestammo Maniero non era ricercato soltanto da noi: c'erano anche alcuni dei suoi "fedelissimi" che avrebbero voluto prenderlo, per fargli pagare tutto quello che in tanti anni lui non aveva mai condiviso con la sua banda. Lui lo sapeva, non sarebbe potuto comunque durare a lungo. E aveva già raggiunto una conclusione: in caso di cattura molto meglio "collaborare", sacrificare i suoi ormai ex amici e salvare il suo tesoro».

In pratica siamo di fronte ad un vero e proprio accordo tra il capo di un'importante e strutturata organizzazione criminale con lo Stato italiano: Maniero lascia che gli venga sequestrata una parte minima del suo patrimonio miliardario, in cambio ottiene l'immunità totale per i suoi cari (tutti inseriti ufficialmente nel programma di protezione testimoni), oltre ad una serie di importanti sconti di pena nei suoi confronti di cui parleremo.

In fuga

Faccia d'angelo si è reso conto di essere braccato dalla polizia, ma anche di avere a che fare con la nuova criminalità cattiva e affamata proveniente dall'Est Europa che sta invadendo l'Italia in generale e il Nordest in particolare nella seconda metà degli anni '90.

Ormai la partita sta per finire, per Maniero è arrivato il momento di ottenere il miglior risultato possibile con le carte che la fortuna gli ha fatto trovare in quell'ultima disperata mano di gioco. Maniero verosimilmente fa un'analisi lucida della situazione e capisce che i conti correnti segreti salvati nella trattativa con lo Stato, insieme ai grossi investimenti fatti nell'ex Jugoslavia (case, casinò, sale da gioco e locali), gli permetteranno una vita agiata una volta scontata la pena.

Tutti dentro

Si è parlato a lungo del misterioso "tesoro" di Felice Maniero. Alcune stime per difetto hanno calcolato che, soltanto con i proventi della droga, il boss all'epoca guadagnasse circa 50 milioni di lire al giorno: stiamo parlando in un traffico stimato in 30/40 chili al mese di eroina, una quantità spropositata. In tantissimi finiscono in carcere grazie alla confessioni dell'ormai ex capo della Mala del Brenta: dalla sua bocca escono cinquemila pagine di verbali che producono l'arresto di un numero impressionante di criminali, oltre allo smantellamento totale di una delle realtà criminali più organizzate, efficienti e ramificate dell'intero Paese. Grazie alla rivelazioni del boss della Mala la Procura di Venezia conclude definitivamente l'indagine "Rialto" (riassunta in un ultra dettagliato fascicolo di 150 faldoni). È l'agosto del 2004, sono passati ormai dieci anni dalla celebre evasione dal Carcere Due Palazzi di Padova e dalla conclusione del primo maxi processo che aveva portato a 79 condanne (quando Maniero non avevo ancora iniziato a collaborare con le forze dell'ordine).

Adesso la Mala del Brenta è arrivata davvero al capolinea: per 142 affiliati il sostituto procuratore Paola Mossa chiede il rinvio a giudizio per reati che vanno dall'associazione a delinquere, al traffico di droga, dalle rapine ai sequestri di persona, alla detenzione di armi, al riciclaggio. Oltre 300 capi di imputazione che riassumono in maniera fredda e analitica 20 anni di storia del crimine organizzato a Nordest.

Tra i tantissimi che salgono alla sbarra durante il processo anche l'ex legale di Maniero, Enrico Valdelli che, secondo il magistrato avrebbe agito come consulente della banda per operazioni illecite.

Insieme al boss a questo punto decidono di collaborare anche Giuseppe Pastore, il suo vice, l'uomo che aveva sposato Elena, la prima figlia di Maniero.

Con lui anche Andrea Zanattio e Giulio Maniero, il cugino del boss. Grazie alle loro dichiarazioni gli inquirenti riescono a ricostruire nei dettagli l'organigramma e l'operato della Mala del Brenta, anche se come abbiamo visto alcune zone d'ombra sono rimaste, non si è riusciti a trovare una risposta soddisfacente alle tante domande aperte sull'attività della banda di Felicetto.

Collusioni e infiltrazioni

Da quelle dichiarazioni sono usciti nomi e cognomi anche di tanti uomini delle forze dell'ordine che erano nel libro paga della banda. La guardia carceraria che aveva aiutato il boss in una delle sue fughe, un maresciallo dei carabinieri, un vice ispettore di polizia della mobile...

Come abbiamo sottolineato quello che emerge è il quadro preciso e dettagliato di un'organizzazione criminale strutturata e radicata nel territorio. Una banda che a nostro avviso non avrebbe tardato molto a tentare di stringere accordi con il potere politico, ammesso e non concesso che accordi di quel tipo non fossero già stati stretti e poi successivamente insabbiati durante le trattative.

UN UOMO LIBERO

Felice Maniero dal 1995 in poi ha beneficiato del programma di protezione testimoni e dall'agosto 2010 è a tutti gli effetti un uomo libero. Del resto collaborando con la giustizia italiana Maniero ha fatto condannare all'ergastolo Salvatore Trosa, uno dei suoi fedelissimi, ma anche i "mestrini" Gilberto Boatto, Marietto Pandolfo, oltre al già citato Silvano Maritan. In tutto sono stati 130 gli arresti realizzati grazie alle dichiarazioni di Faccia d'Angelo.

In questi anni ha cambiato nome, oggi si fa chiamare Luca Mori, e alcuni sostengono che abbia anche subito anche degli interventi di chirurgia plastica al viso. Molti vecchi amici di Felicetto, infatti, gliel'hanno giurata e sono pronti a vendicarsi nell'unico modo che conoscono, col piombo, come avremo modo di vedere nelle prossime pagine.

Per questo motivo molti credono che il suicidio di Elena, l'adorata figlia del boss, nasconda qualcos'altro.

Suicidio anomalo

Quello di Elena Maniero è stato davvero di un suicidio, come hanno sostenuto gli inquirenti alla fine delle indagini, oppure si è trattato di una vendetta nei confronti dell'ex boss per il suo tradimento? Probabilmente non lo sapremo mai, anche se sono in tanti a giurare che quell'inspiegabile volo da una mansarda a Pescara nel febbraio 2006 sia stato tutto tranne che un suicidio. Anche perché pochi giorni prima di quello strano incidente lo stesso Maniero sarebbe dovuto saltare in aria. Era stata piazzata una carica esplosiva nell'aula bunker di Mestre in cui l'ex boss si sarebbe dovuto recare a testimoniare.

L'attentato è stato sventato grazie a una intercettazione a cui seguirà l'operazione Ghost Dogs che, nel giro di 3 anni e mezzo, porterà all'arresto di 33 persone. In un contesto di questo tipo dunque è lecito sospettare che dietro a quello strano suicidio ci sia stato quantomeno qualcosa di poco chiaro...

Eppure gli inquirenti non hanno avuto alcun dubbio, per loro la giovane e bellissima figlia di Faccia d'Angelo si sarebbe tolta la vita gettandosi da quella mansarda di via Carducci di proprietà del suo fidanzato.

L'autopsia condotta dal medico legale Christian D'Ovidio però ha stabilito semplicemente che la ragazza è morta per le ferite riportare in seguito al volo di 15 metri, ma non ci sono prove che possano stabilire con certezza che sia stata lei a buttarsi nel vuoto.

A quanto pare, secondo alcune indiscrezioni che abbiamo avuto modo di raccogliere da ambienti vicini alle forze dell'ordine, il dettaglio che ha fatto nascere molti dubbi è il seguente: il corpo della povera giovane sarebbe stato trovato a diversi metri dal muro del palazzo, come se fosse stata letteralmente "gettata" dalla finestra da due o più persone.

Di solito chi si suicida si lascia cadere nel vuoto e, di conseguenza, difficilmente atterra a diversi metri dal muro del palazzo da cui si è gettato. Si tratta però soltanto di indiscrezioni, è bene ricordarlo, che non hanno mai avuto una conferma ufficiale.

Sebbene la figlia di Maniero avesse già tentato in precedenza di togliersi la vita, anche l'ex boss ha dichiarato pubblicamente a più riprese di non credere affatto all'ipotesi del suicidio.

Ma leggiamo le dichiarazioni dello stesso Maniero a questo proposito, così come sono state riportate dal quotidiano Il Tempo:

«Volevano ammazzarmi, ma non ci sono riusciti perché sono diventato un collaboratore di giustizia; e allora volevano togliere la vita a mia figlia, se la volevano prendere con

lei...».[33]

Chi crede che Elena Maniero sia stata vittima di un omicidio, infine, legge i tagli alle vene dei polsi come un banale tentativo di depistaggio da parte dei killer.

Imprenditore pantofolone

Gran parte della sua condanna Maniero l'ha scontata agli arresti domiciliari, dove tra l'altro ha potuto anche far partire con un certo successo un'attività di import-export di prodotti per pulizia. All'indomani della sua scarcerazione il boss è tornato a parlare e ha fatto una serie di dichiarazioni al Corriere del Veneto, ecco i punti salienti:

«Se ho pagato poco per quello che ho fatto? Certamente sì. [...] Mi vogliono uccidere? Avranno l'acquolina in bocca ma non temo la morte.

Diciamo che fortunatamente non ci sono ancora riusciti. Felice Maniero ieri era uno spietato generoso criminale, uno stupido playboy che non sapeva amare. Oggi è un pantofolone che non vede l'ora di tornare a casa la sera per godersi la famiglia dopo dieci ore di lavoro.

[...] Il mio patrimonio? Non mi crederà nessuno ma il mio patrimonio non è affatto quello che tutti pensano. Con la mia

[33] *Muore la figlia di Felice Maniero. Suicidio o omicidio?*, Augusto Parboni, Il Tempo, 24 febbraio 2006

collaborazione i miei ex compagni hanno fatto un repulisti inimmaginabile. Saranno saltati di gioia per giorni. Sia chiaro, non sono sul lastrico, vivo dignitosamente.

Quando non lavoro il mio hobby preferito è la famiglia. Fino a qualche tempo fa ne avevo altri due: tennis e scopone scientifico.

Il primo credo di averlo perduto perché sono appena stato operato al tendine della spalla e ho una certa età! Per quanto riguarda lo scopone scientifico dire appassionato è pochissimo. A differenza del tennis in questo gioco posso vantarmi di essere fortissimo. A proposito, saluto tutti gli appassionati».[34]

Le dichiarazioni di faccia d'angelo sembrano fantascienza rispetto al suo curriculum criminale, ma anche l'atteggiamento dimostrato da Maniero è sembrato molto lontano dallo stereotipo del bandito che la gente aveva conosciuto attraverso le pagine dei giornali. Potrebbe sembrare un altro uomo anche rispetto ai classici cliché che descrivono gli abitanti delle campagne venete.

Come conclude il giornalista Andrea Pasqualetto nel suo articolo:

«un boss che al ristorante parla a voce alta delle vecchie rapine senza preoccuparsi dei vicini di tavolo, che divora la pizza ma non beve alcolici, che non bestemmia mai, che non si

---

[34] *Maniero: «È vero ho pagato poco. Ma il mio tesoro non esiste»,* Andrea Pasqualetto, Il Corriere del Veneto, 26 agosto 2010,

cura minimamente della sventola bionda seduta di fronte e che quando deve insultare qualcuno arriva a dire "stupidone" o "birichino", come certi veneti di buona famiglia»[35].

Più furbo di quanto si possa credere

Ma c'è anche chi non crede nemmeno a una parola e che continua a sostenere che il boss è sempre stato una spanna sopra gli altri componenti della banda, sia per carisma che per intelligenza. Mario Artuso, l'ex cassiere della banda, ha ripetuto fino allo sfinimento che Maniero avrebbe fatto un patto diabolico con lo Stato per salvare se stesso, la sua famiglia e, sopratutto, i suoi conti miliardari che si sono volatilizzati come per magia dopo la sua decisione di diventare un collaboratore di giustizia.

«Maniero già contà quel che'l vol. Per esempio mi ha incastrato sulla rapina al Casinò di Venezia dove non c'entravo proprio»[36].

Maniero quando esce dal carcere, da buon veneto, inizia a fare l'imprenditore e prova a vivere del suo

---

[35] *Maniero: «È vero ho pagato poco. Ma il mio tesoro non esiste»*, Andrea Pasqualetto, Il Corriere del Veneto, 26 agosto 2010,

[36] *«Ho gestito i miliardi di Maniero, ma lui ha tentato di farmi uccidere tre volte»*, Il Gazzettino, op. cit.

business senza mai separarsi dai suoi famigliari. Finalmente è diventato un piccolo imprenditore del nordest, quello che, forse, aveva sempre voluto essere… Ma siamo sicuri che le cose stiano davvero così? Sembra proprio di no e, infatti, una celebre inchiesta di Report andata in onda nel 2015 fa scatenare un terremoto che rimette in discussione il Maniero "pantofolone".

«Faccio affari con lo Stato»

Nella storia di Faccia d'Angelo, sia per quanto riguarda la sua fase criminale che quella di collaboratore di giustizia, c'è sempre stata una costante anomala, ovvero l'ombra di un aiuto da parte di qualcuno dentro alle istituzioni. Abbiamo evidenziato di volta in volta come Maniero sia riuscito sempre a trovare una sponda con cui dialogare all'interno del sistema. A volte corrompendo direttamente le persone che gli interessavano, altre volte trovando inaspettati aiuti all'interno dei carceri di massima sicurezza in cui si trovava, altre volte ancora trovando l'improbabile collaborazione delle istituzioni interessate a recuperare reliquie ed opere d'arte. Per non parlare di tutta la gestione poco trasparente del suo "pentimento" che, come abbiamo visto, ha fornito poche risposte e ha invece lasciato aperte molte domande.

Nella sua "nuova vita" di imprenditore l'ex boss della Mala ha perfino lavorato con le amministrazioni pubbliche: grazie ad un paio di brevetti infatti ha aperto la Anyacquae srl, un'azienda intestata al figlio che lavora nel settore delle acque depurate e che fa affari con le amministrazioni di tutta Italia. Tutto questo anche grazie al patrocinio del Ministero delle Politiche Agricole e il bollo del Ministero dello Sviluppo Economico, oltre al fatto che l'azienda vantava una certificazione sanitaria rilasciata dal Ministero della Salute.

Dopo l'inchiesta bomba di Report che fa emergere questo quadro a dir poco preoccupante i tre dicasteri hanno subito negato di aver concesso patrocini e certificazioni, anche se lo stesso Maniero, interrogato a questo proposito, ha parlato senza reticenze, come se la sua fosse una vicenda qualunque:

«Il patrocinio l'ha chiesto mio figlio e gliel'hanno dato due anni fa. Non c'è sotterfugi, non c'è niente… Si immagini se io vado a fare sotterfugi o robe non legali. Io non sono un bugiardo, il ministero è un furbacchione. Io ex, ex di tutto, di bande armate... sono sincero, il ministero è proprio un pinocchio lungo quanto una casa [...]»[37].

Ma le sorprese non sono finite perché salta fuori che Luca Mori, alias Felice Maniero, ha la residenza

---

[37] *Felice Maniero: "Sì, ora mi arricchisco grazie allo Stato"*, Enrico Currò, La Repubblica, 7 giugno 2015.

a Campolongo Maggiore. Com'è possibile che un soggetto come Maniero torni a vivere come se niente fosse a casa sua dopo tutto quello che è successo? In Comune tutti si sono affrettati a smentire, a negare, ma intanto ci si trova ancora una volta ad aver a che fare con verità bizzarre, con dettagli quantomeno strani e con un "ex bandito" che riesce sempre a mischiare abilmente verità e bugie.

Fallimento

Nel febbraio del 2016 arriva un nuovo colpo di scena: in seguito a una serie di fatture mai pagate il Tribunale di Brescia ha dichiarato fallita la Anyacquae Srl, l'azienda intestata al figlio di Felice Maniero che aveva spostato la sua sede proprio a Bolzano. Faccia d'Angelo insomma ne ha combinata un'altra delle sue e così, la sua nuova vita da imprenditore integerrimo, ha subìto uno stop imprevisto a causa di una situazione debitoria molto pesante nei confronti dei fornitori.

Dopo una serie di accertamenti si scopre inoltre che l'acqua che usciva dalle colonnine della Anyacquae Srl conteneva una quantità di arsenico superiore a quella consentita dalle norme vigenti. Per questo motivo, e anche in seguito al clamore suscitato dalla già citata inchiesta di Report, molti comuni hanno interrotto i contratti già siglati con l'azienda dell'ex boss della Mala del Brenta.

L'azienda, probabilmente per cercare di far perdere le tracce, si era poi trasferita a Bolzano e aveva ripreso a lavorare come se nulla fosse. Dalle indagini successive al fallimento è emerso uno scenario molto particolare. Sembra infatti che diversi fornitori, impauriti dalla reputazioni di Felicetto, avessero rinunciato a far valere i loro crediti nei confronti dell'azienda. Ma la Legno Style Srl di Brescia, che si era occupata degli arredi della sede della Anyacquae Srl, non ha guardato in faccia nessuno e ha portato in tribunale la ditta di Maniero, facendola fallire. Anche questa volta dunque è un tribunale a mettere uno stop alla carriera di Felice Maniero.

IL TESORO RITROVATO

L a bizzarra vicenda della Anyacquae Srl non è certo l'ultima disavventura per Felice Maniero. Nei primi mesi del 2017 le forze dell'ordine annunciano di aver finalmente scoperto il famoso tesoro di Faccia d'Angelo.

A fare l'eccezionale scoperta sono stati i PM veneziani Paolo Tonini e Giovanni Zorzi, che sono riusciti a scovare e a sequestrare un patrimonio di ben 17 milioni di euro: un cavallo di razza, tre ville in Toscana (una a Santa Croce sull'Arno, una Marina di Pietrasanta, una a Fucecchio), 27 automobili di lusso (tra cui una Bentley Gt Cabrio, 8 Mercedes, due Porsche Cayenne, una Porsche Carrera 911, due Bmw), conti correnti in Svizzera intestati a prestanome.

Bella vita e conti sospetti

In un contesto di questo tipo tornano di colpo attuali le parole di Silvano Maritan, un affiliato della Mala che, come abbiamo ricordato in precedenza, aveva rotto definitivamente con Maniero:

«L'ultima volta fui io stesso ad accompagnarlo al confine. Lui prese un treno per Lugano e aveva 3 miliardi di lire con sé. Il giorno dopo lo arrestarono. Ma era tutto organizzato e lui era d'accordo. Insomma, prima di stringergli le manette ai polsi, lo Stato gli aveva consentito di mettere il bottino al sicuro. Denaro che ancora oggi consente a Maniero e alla sua famiglia un'esistenza più che agiata»[38].

Questo nuovo filone delle indagini è nato, paradossalmente, proprio da alcune rivelazioni dell'ex boss della Mala del Brenta, rivelazioni in seguito delle quali sono stati poi arrestati Riccardo di Cicco (marito della sorella di Maniero, Noretta) e Michele Brotini. Brotini di professione promotore finanziario, è stato accusato di aver fatto sparire i soldi provenienti dai loschi traffici di Maniero in Svizzera, trasformando il contante in investimenti sicuri.

Ancora una volta però qualcosa non torna: le carte ufficiali dicono che è stato Felice Maniero a dire agli inquirenti quali erano i beni acquistati con il suo

---

[38] *"I segreti di Maniero tra miliardi in Svizzera e omicidi nascosti"*, Il Giornale, op. cit.

denaro, ufficialmente perché temeva che l'ex marito della sorella, dopo la separazione, volesse far sparire tutto.

Il boss torna a parlare

Per quanto possa apparire paradossale sembra che Felicetto abbia deciso di far ritrovare i suoi beni soltanto per una semplice ripicca. Dopo aver nascosto il denaro salvato dal patto con lo Stato consegnandolo all'ex cognato perché lo ripulisse, quest'ultimo gli aveva infatti restituito progressivamente solo sei miliardi di lire fino al 2015 quando ha detto di non essere più in grado di pagarlo.

«Posso dire che ho sempre pagato io le tasse e i condoni che mio cognato ha fatto nel corso degli anni allo scopo di evitare anche di far trasparire la disponibilità di denaro contante in forma eccessiva.

Con i soldi che gli ho dato, mio cognato ha acquistato sicuramente almeno tre immobili. Mio cognato mi ha sempre chiesto l'approvazione per l'acquisto e che io ho sempre concordato in merito, ritenendolo un buon investimento [...]

Ha sempre avuto delle macchine di lusso che ha cambiato spesso nel corso del tempo. Ho chiesto di incontrare i magistrati della Procura di Venezia perché voglio parlare del denaro che ho guadagnato con i miei traffici illeciti e del suo successivo riciclaggio [...]. Improvvisamente mio cognato ha cominciato a dichiarare di non avere più la liquidità necessaria per le restituzioni che io gli chiedevo e alla fine ha rinunciato a vedermi. Nonostante i miei tentativi non sono più riuscito a contattarlo per avere indietro il denaro.

Avendomi restituito circa 5-6 miliardi, mio cognato gestisce sicuramente almeno 25-26 miliardi di soldi che io gli ho dato, tenuto conto anche delle perdite che ci sono state con la crisi del 2008 e del fatto che mi riferirono anni fa che avevano perso un miliardo di un mio investimento per problemi finanziari»[39].

La lavatrice si è rotta

Da questo scenario emerge dunque un vero e proprio sistema di "lavaggio" dei soldi sporchi utilizzato tranquillamente fino al 2015, e cioè quando, almeno in teoria, Maniero era ormai diventato un rispettabile uomo d'affari. L'ex boss della Mala del Brenta in pratica racconta agli inquirenti di aver dato ai suoi uomini fidati più di 30 miliardi di vecchie perché li "ripulissero" con calma, ma di aver ricevuto in cambio poco meno di 3 milioni di euro cash da utilizzare per i suoi comodi. Felice Maniero si è rivolto alle forze dell'ordine soltanto per paura di non riuscire più a recuperare il resto dei suoi soldi che, nel corso degli anni, è stato investito e diversificato in mille modi: ha preferito far finire tutti in galera

---

[39] *«Di Cicco con i miei soldi si è comprato tre ville»*, Rubina Bon, La Nuova di Venezia e Mestre, 19 gennaio 2017.

(una scena di un film già visto) piuttosto che vederli scomparire con i suoi soldi. Ancora una volta non si riesce a capire a che gioco stia giocando l'ex boss: quei soldi arrivano davvero dalla vecchia attività della banda, o si tratta di proventi di altre operazioni poco pulite?

O forse è solo una maxi-operazione di evasione fiscale orchestrato da Maniero che, anche nella sua nuova vita, non è riuscito a perdere l'antico vizietto di infrangere le regole?

La verità giudiziaria su questa storia decisamente paradossale è arrivata nell'aprile del 2018, con la condanna a 4 anni e 10 mesi per Di Cicco per aver riciclato il tesoro di Felice Maniero, proprio quel tesoro che l'ex boss aveva sempre negato di possedere (Di Cicco si è presentato in aula come reo confesso). Dalle indagini è stato accertato che si trattava di una cifra di poco superiore ai 5 milioni di euro (circa 11 miliardi delle vecchie lire).

Sottolineiamo che nella sentenza emessa dal Gup di Firenze è stato sottolineato come il reato avesse finalità mafiose e, di conseguenza, Di Cicco dovrà scontare la pena in un carcere di massima sicurezza. Per quanto riguarda la moglie di Di Cicco, Noretta Maniero, sorella dell'ex boss, il GUP ha invece dichiarato che il reato era ormai prescritto e quindi per lei non ci sono state conseguenze giudiziarie.

L'intervista a Roberto Saviano

Nel novembre Maniero torna sotto le luci della ribalta. Roberto Saviano, infatti, intervista in prima serata Felicetto durante il programma "Kings of Crime". L'intervista ha sollevato una vasta eco, non solo perché era la prima di questo genere per l'ex boss della Mala del Brenta, ma soprattutto per le dichiarazioni in libertà fatte da Maniero.

Precisiamo subito che a nostro giudizio tutta l'operazione poteva e doveva essere gestita in modo diverso. Saviano ha mandato in onda un'intervista registrata e montata, con una serie di domande palesemente concordate e che non hanno mai messo in difficoltà l'ex boss. Anzi, durante il colloquio con il giornalista napoletano Faccia d'Angelo si è permesso anche di fare la morale allo Stato, di dare lezioncine su come combattere il crimine e, *dulcis in fundo*, di condannare il traffico di stupefacenti. Lui che ha sulle spalle una serie infinita di delitti di ogni tipo... pazzesco!

Leggiamo un breve estratto delle dichiarazioni di Maniero in cui, ad esempio, consiglia lo Stato su come dovrebbe essere gestito il traffico della Cocaina, mentre Saviano ascolta in religioso silenzio:

«[...] *i miei affari ci sarebbero stati lo stesso, perché io poco prima di collaborare ho fatto una rapina di quattro quintali di lingotti d'oro, quattro quintali e mezzo, in una banca che serviva gli orafi nel Vicentino.*

Però per le altre organizzazioni la legalizzazione sarebbe la ghigliottina. Mi chiedo come mai ancora non lo abbiano fatto. Beh, un narcotraffico però controllato, non è che uno va a prendersi un chilo! Deve tirar fuori i documenti, codice fiscale e tutto.

E poi se uno Stato acquista la cocaina o l'eroina da un altro Stato, con 50 euro può comprarne 2 chili credo, perché non costa niente... e la può vendere anche a 100 euro, 200, tanto per dire, senza porcherie dentro. E io vorrei sapere la stragrande maggioranza degli italiani dove va ad acquistarla: se va a pagare 200-300 euro per un grammo - dipende dalla qualità - o 5 euro. Il prezzo crolla! Crolla il mercato!

E quelli le rapine non le sanno fare, non sanno fare neanche i furti. Per cui vorrei vederli che si ammazzano per una... cassa di pomodoro! Ovvio che bisogna fare una cosa che è molto delicata, però visto che sono 50 anni che imperversa in tutto il mondo e in tuttaDa ragazzo non vedevo l'ora di andare in carcere per sentirmi all'altezza di tutti gli altri che mi circondavano nell'ambiente Italia soprattutto - perché l'Italia è uno dei principali Paesi - perché non provano qua? [...]»[40].

E tutto questo senza che Saviano incalzi mai Maniero, senza che l'ex boss venga mai messo di fronte sue responsabilità, senza che vengano mai evidenziati i troppi punti grigi della sua storia criminale e del suo fin troppo discutibile pentimento.

---

[40] *Felice Maniero. Boss della Mala del Brenta*, Roberto Saviano, Kings of Crime, 14 novembre 2018.

Su un punto ci sono pochi dubbi: da questa intervista Maniero ne esce alla grande, sembra quasi uno di quei vecchi boss saggi e tutto sommato simpatici che tanti film hanno raccontato sullo schermo. Peccato che la realtà dei fatti sia molto diversa, come ben sanno i tanti parenti delle vittime della Mala.

L'impressione finale è che Saviano sia caduto in pieno nella trappola ordita da Faccia d'Angelo l'ex boss della Mala ha dimostrato per l'ennesima volta di riuscire a gestire al meglio ogni situazione, manipolando chi si trova di fronte a lui e, soprattutto, la verità. Di fronte all'arroganza di chi ha avuto la pretesa di conoscere la sua storia criminale dopo aver letto qualche bignamino, Maniero ha scelto di mantenere un profilo basso e, alla fine, ha portato a casa la partita senza nemmeno troppi sforzi. Questo episodio ci conferma, se mai ce ne fosse bisogno, che la mossa più geniale di Maniero sia sempre stata quella di farsi sottovalutare. Ogni volta che l'ex boss è riuscito a muoversi low profile, infatti, è sempre stato al sicuro dettando le regole del gioco a suo piacimento.

DI NOVO DIETRO LE SBARRE

Quando tutto sembra essersi normalizzato ecco che arriva una sorpresa: Felice Maniero torna di nuovo dietro le sbarre. Nell'ottobre del 2019 infatti Faccia d'Angelo viene arrestato a Brescia con l'accusa di maltrattamenti fisici e psicologici alla sua compagna. Le successive richieste di libertà fatte da Maniero sono tutte state respinte sia dal GIP che dal Tribunale del Riesame, e così l'ex boss è dovuto restare in carcere a Voghera. A complicare ulteriormente la vicenda anche l'emergenza sanitaria per il Covid-19 che ha investito tutto il mondo.

Il processo è iniziato regolarmente ma, a causa delle limitazioni imposte dal Coronavirus, Marta Bisello, la compagna di Maniero, non ha potuto raggiungere il tribunale di Brescia dove avrebbe dovuto testimoniare.

Felice Maniero, collegato in videoconferenza dal carcere di Voghera, ha ribadito però la sua volontà di essere processato in dibattito e non con riti alternativi. A questo punto il processo è stato aggiornato al 19 maggio 2020. A metà aprile poi l'ennesimo coup de theatre del boss, che ha addirittura scritto una lettera all'ANSA per denunciare le condizioni dei detenuti durante l'emergenza coronavirus.

Riportiamo di seguito i passaggi più significativi della missiva ricevuta dall'ANSA:

«Il rischio di eventuali focolai nelle carceri è probabile; dovesse verificarsi un "si salvi chi può" le conseguenze sarebbero inimmaginabili. Dopo le reiterate richieste ci è ancora vietato, da oltre due mesi di acquistare un disinfettante efficiente. Abbiamo diversi compagni in isolamento colpiti da Covid-19 di cui alcuni in terapia intensiva»[41].

Per una macabra ironia a morire a causa del Covid-19 è stato l'ex magistrato Francesco Saverio Pavone, mancato a marzo 2020 all'età di 76 anni. Pavone era stato il magistrato che era riuscito a incastrare Maniero e tutta la banda, tanto che l'ex boss aveva addirittura studiato un piano per assassinarlo.

---

[41] *Coronavirus, ex boss Maniero, in carcere. In una lettera indirizzata all'ANSA*, ANSA, 16 aprile 2017.

Nuova condanna

L'8 dicembre 2020 Maniero ha ricevuto l'ennesima condanna della sua carriera criminale. La Corte d'Appello di Brescia, infatti, ha confermato al condanna a quattro anni inflitta a Felice Maniero per i maltrattamenti nei confronti della sua compagna. Maniero aveva presentato in aula un memoriale con cui aveva chiesto la ricusazione del giudice di primo grado. L'ultima parola ora spetta alla Cassazione, alla quale il legale di Maniero ha annunciato che ricorrerà.

I conti non tornano

Anche questa volta, però, ci sono tanti particolari fuori posto in una storia che convince poco. Stiamo parlando dell'arresto e della successiva condanna in primo grado e in appello di Maniero per maltrattamenti alla compagna, un arresto che ha un tempismo molto sospetto. Così come è molto sospetta la volontà di Maniero di evitare vie alternative, dato che in questo modo il processo si sarebbe concluso più velocemente. In molti infatti sono convinti che quella di Maniero sia stata una scelta ben precisa. Il motivo? Meglio restare al "sicuro" dietro le sbarre, lontano da vecchi e pericolosi nemici, come ad esempio Antonio Pandolfo, detto "Marietto".

Proviamo a mettere in fila un po' di date: Felice Maniero è stato arrestato il 19 ottobre 2019. Dieci giorni dopo, e cioè il 29 ottobre 2019, Antoni Pandolfo è stato scarcerato dal carcere di Rovigo.

Due vecchi amici

Pandolfo non è un ex detenuto qualsiasi. Stiamo parlando dell'uomo che fu a lungo il numero due della Mala del Brenta. Potremmo definirlo il vice di Maniero.

I due si conoscevano fin da bambini e insieme avevano mosso i primi passi della loro inarrestabile carriera criminale. Tra tutti i componenti della Mala finiti dietro le sbarre, però, Pandolfo è stato l'unico che non ha mai detto una parola agli inquirenti anche se, secondo alcune ricostruzioni, sarebbe stato uno dei membri del commando che trucidò Stefano Carraro, il cassiere della Mala, insieme alla sua ragazza. Parlando alle forze dell'ordine, dunque, non solo avrebbe potuto contribuire a fare chiarezza su quella vicenda, ma avrebbe ottenuto anche un significativo sconto di pena.

Pandolfo è sempre stato al fianco di Maniero in tutti i suoi colpi più delicati: la grande rapina agli orafi a Vicenza, il colpo all'Hotel Des Bains al Lido di Venezia, il mega furto all'Aeroporto Marco Polo di Venezia e quello al casinò del Lido del 1984.

E poi, ancora, nella famigerata notte dei cambisti e nella drammatica rapina al treno postale a Vigonza, quella in cui perse la vita la studentessa Cristina Pavesi. Un uomo che a causa delle dichiarazioni del Maniero "collaboratore di giustizia" è stato condannato all'ergastolo. Un uomo che si è fatto 25 anni di carcere in silenzio senza mai collaborare con la giustizia.

Al termine del processo che l'avrebbe condannato all'ergastolo Pandolfo aveva detto ai giudici parole molto chiare:

«Me ne dia tanti di anni, signor giudice, perché quando esco io ho un solo obiettivo»[42].

Vendetta

Girano diverse leggende su "Marietto" Pandolfo. Una vuole che in tanti anni di carcere abbia pronunciato soltanto una parola di fronte agli inquirenti che a più riprese avevano cercato di farlo cantare: «Vendetta». Maniero e Pandolfo avevano smesso di essere amici da un pezzo, e precisamente da quando l'ex boss aveva deciso di far ammazzare

---

[42] *Mala del Brenta, Antonio Pandolfo tornerà in libertà il 29 ottobre. Chi è 'Marietto', il vice di Maniero che non ha mai collaborato coi pm*, Ruggero Tantulli, Il Fatto Quotidiano, 6 settembre 2019.

Giancarlo Ortes, il secondino che aveva aiutato proprio Faccia d'Angelo e Pandolfo ad evadere dal carcere Due Palazzi di Padova.

C'è invece chi sostiene che alla base dei dissidi tra Maniero e il numero due della Mala del Brenta ci sia stato un carico di cocaina contesa, 50 chili che Pandolfo aveva recuperato in Turchia proprio dopo quella famosa evasione e che Maniero avrebbe deciso di tenere tutti per sé, decisione che non avrebbe fatto felice "Marietto".

Impossibile sapere come sono andate davvero le cose, ma su un punto tutti concordano: Maniero aveva paura di Pandolfo, tanta paura. E faceva bene, vista la storia criminale di "Marietto", uno che nella sua vita non si era mai tirato indietro di fronte a niente e a nessuno. In molti sono certi che Maniero nel 1994 si sia convinto a diventare collaboratore di giustizia proprio per timore della vendetta del suo ex amico Marietto, ma anche queste sono soltanto ipotesi.

Fine pena con sorpresa

Il fine pena per Pandolfo era previsto per il 2022 e quindi tutti i suoi ex sodali sono rimasti sorpresi quando, a settembre 2019, è stata pubblicata la notizia che sarebbe uscito invece ad ottobre 2019. Pandolfo è sempre stato in duro e a quanto sembra gli anni del carcere non lo hanno cambiato. Si è allenato costantemente e ha mantenuto una dieta precisa. Alto e muscoloso tanto da essere soprannominato "Mario grosso", Pandolfo del resto era famoso per le risse che scatenava nei locali, oltre alle rapine e agli omicidi a sangue freddo.

Maniero, colto di sprovvista dalla sua inaspettata scarcerazione, avrebbe dunque improvvisato un piano di emergenza per restare al sicuro, lontano dai possibili piani di vendetta dell'ex sodale, un uomo pronto a fargliela pagare a tutti i costi. Di qui la messa in scena concordata con l'ex compagna, l'arresto e la successiva detenzione. Naturalmente si tratta soltanto di ipotesi che non possono essere confermate da prove, ma sono in tanti a essere convinti che anche questa volta Maniero non la stia raccontando giusta.

Come Tiziano Manca, il "doge" della Mala del Brenta, che si è detto molto scettico su queste nuove accuse di violenza domestica a Maniero. Manca, che dopo il ritorno in libertà ha mantenuto un alto profilo mediatico, non ha mai menzionato espressamente Pandolfo, però in un'intervista rilasciata al Corriere del Veneto ha detto di non credere a questa vicenda che ha portato di nuovo in carcere Maniero:

«Lui non è mai stato violento con le donne e proprio oggi mi ha contattato una persona a lui vicina, che mi ha detto che è

innocente e che non ha picchiato nessuno»[43].

Dopo tutti questi anni di rapine, indagini, crimini, arresti, omicidi, evasioni, pentimenti, confessioni, nuove vite e chi più ne ha più ne metta, ci sentiamo di poter affermare soltanto una cosa con certezza: sulla storia di Felice Maniero e della Mala del Brenta non è ancora possibile scrivere la parola fine…

---

[43] *Manca, il gran nemico di Felicetto non crede alle accuse: "Non ha mai picchiato le donne"*, Alberto Zorzi, Corriere del Veneto, 21 ottobre 2019.

EPILOGO

Erano "i ragazzi di Versace spruzzati di Van Cleef" cantati da Gianna Nannini.

Erano ragazzi di campagna che non volevano un lavoro e una vita normale.

Volevano tutto. e lo volevano subito.

Al badile hanno preferito la pistola, al furgone la Ferrari.

Erano ragazzi di campagna e Felice Maniero era la loro guida.

Faccia d'Angelo li ha spinti oltre ogni limite e forse ancora più in là.

Ha spalancato loro la porta su mondi e ricchezze che non avrebbero neppure potuto immaginare.

Li ha fatti salire su fino al Paradiso e poi, un bel giorno, li ha abbandonati per farli precipitare direttamente all'Inferno.

Con un biglietto di sola andata…

JACOPO PEZZAN
& GIACOMO BRUNORO

Entrambi padovani, Pezzan e Brunoro si sono conosciuti sui banchi del liceo nei primi anni '90. Hanno raccontato i misteri italiani, i delitti del vaticano, le storie nere dei serial killer e alcuni dei più celebri fatti di cronaca legati alle icone pop contemporanee.

Il loro podcast, TRUE CRIME DIARIES, è disponibile in tutte le principali piattaforme digitali.

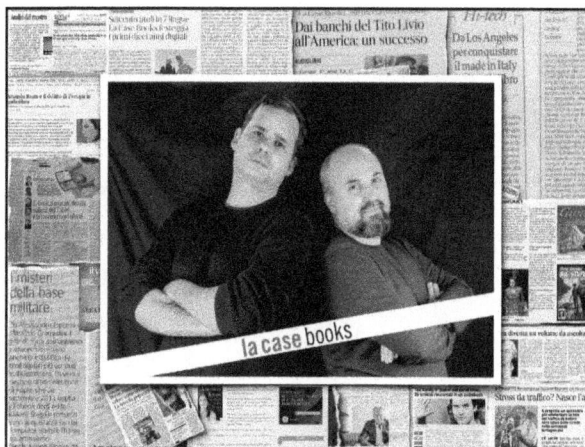

LA CASE BOOKS

L A CASE Books è un progetto editoriale nato nel 2010 da un'idea di Jacopo Pezzan e Giacomo Brunoro. Agli inizi del 2010 Pezzan, che vive a Los Angeles, capisce che quella dell'editoria digitale non è una semplice scommessa sul futuro ma una realtà concreta. Così, quando in Italia non era ancora possibile acquistare ebook su iTunes, e Kindle Store era attivo soltanto negli USA, LA CASE Books inizia a pubblicare ebook e audiolibri in italiano e in inglese sul mercato mondiale.

Nel 2020, per celebrare i primi dieci anni di attività della casa editrice, iniziano anche le pubblicazioni in formato cartaceo.

Oggi LA CASE Books ha un catalogo di più di 750 titoli tra libri cartacei, ebook, podcast e audiolibri in inglese, italiano, tedesco, francese, spagnolo, russo e polacco, ed è presente in tutti i più importanti digital store internazionali.

www.lacasebooks.com

FELICE MANIERO E LA MALA DEL BRENTA
Jacopo Pezzan & Giacomo Brunoro

II Edizione
Disponibile anche in formato eBook e audiolibro.

LA CASE Books
PO BOX 931416, Los Angeles, CA, 90093
info@lacasebooks.com || www.lacasebooks.com

www.ingramcontent.com/pod-product-compliance
Lightning Source LLC
Chambersburg PA
CBHW022340280326
41934CB00006B/717